LAUBSÄGEN FÜR JUNGS

NEUE FRECHE UND COOLE IDEEN AUS HOLZ

INHALT

Gewusst wie! 4–5

So wird's gemacht! 6–9

FÜR LAUBSÄGEN-GREENHORNS

Beachball-Spaß für zwei ★ 12–13

König der Lüfte ★★ 14–15

Mit Schallgeschwindigkeit ★★★ 16–17

Alle Neune! ★ 18–19

Handzahmer Drache ★★ 20–21

Ich-bin-ein-Ro-bo-ter ★ 22–23

Lustige Maskerade ★★ 24–25

Buntes Mühlespiel ★ 26–27

Gruselige Gesellen ★★ 28–29

Cowboy und Indianer ★ 30–31

Gefährliche Gefährten aus der Urzeit ★★★ 32–33

Monstermäßiges Türschild ★★ 34–35

Hai-Alarm! ★★ 36–37

Im Landeanflug ★★★ 38–39

Coole Flitzer ★ 40–41

FÜR LAUBSÄGEN-PROFIS

Cooles Notizboard ★★ 44–45

Wackel-Dracula ★★★ 46–47

Gespenstische Totenkopflaterne ★★ 48–49

Hai in Sicht ★★★ 50–51

Ahoi, Piraten! ★ 52–53

Praktischer Meeresbewohner ★★★ 54–55

Rasante Schubladengriffe ★ 56–57

Nützlicher Fußballprofi ★★★ 58–59

Utensilo für Raubtierdompteure ★★★ 60–61

Das verrückte Labyrinth ★★ 62–63

Auf dem Weg zum Mond ★★★ 64–65

Galaktische Spardose ★★★ 66–67

Totempfahl ★ 68–69

Geniales Wurfgeschoss ★★★ 70–71

Jetzt wird's wild! ★ 72–73

Für süße Flugobjekte ★★ 74–77

Buchtipps für dich! 78–79

SCHWIERIGKEITSGRAD
einfach ★
mittel ★★
schwer ★★★

Durch Abscannen der QR-Codes auf den Inhaltsseiten kannst du dir die Videos direkt anschauen. Dieses Symbol zeigt dir, wo ein Video zur Verfügung steht:

Die Videos zu diesem Buch stehen im TOPP Video-Center unter www.topp-kreativ.de/digibib nach erfolgter Registrierung zum Anschauen bereit. Den Freischalte-Code findest du im Impressum.

GEWUSST WIE!

DEINE GRUNDAUSSTATTUNG

Folgende Materialien, Hilfsmittel und Werkzeuge brauchst du für die meisten der in diesem Buch gezeigten Holzmodelle.

- [ ] Pappelsperrholz, 4 mm, 5 mm und 6 mm stark
- [ ] Transparentpapier (zum Abpausen der Vorlagen)
- [ ] Bleistift (zum Übertragen der Vorlagen)
- [ ] Karton (für Schablonen)
- [ ] Schere (um Schablonen auszuschneiden)
- [ ] Laubsäge mit Reservesägeblättern
- [ ] Sägetischchen mit Schraubzwinge
- [ ] Schraubzwingen oder Schnellspannzwingen
- [ ] halbrunde Holzfeile
- [ ] Schleifpapier mit 220er-Körnung
- [ ] Drillbohrer
- [ ] UHU Holzleim EXPRESS
- [ ] Filzstift in Schwarz (um Augen und Gesichter aufzumalen)
- [ ] Acrylfarben
- [ ] verschiedene Pinsel
- [ ] Rundholzstäbchen

WISSENSWERTES

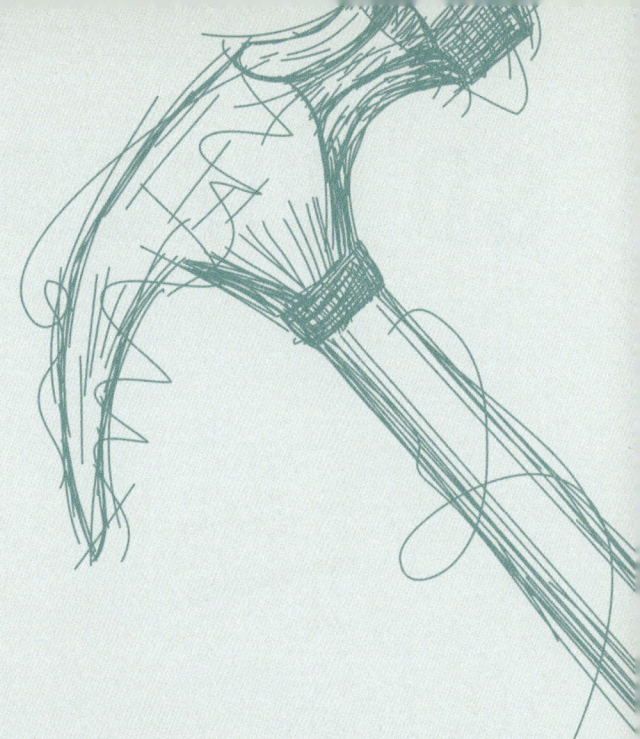

PAPPELSPERRHOLZ
Pappelsperrholz ist fast weiß, relativ weich und lässt sich sehr leicht sägen. Es ist das gängigste Sperrholz. Andere Sperrhölzer sind etwas stärker gemasert, meistens dunkler und auch härter. Fürs Laubsägen eignen sich die Stärken 4 mm, 5 mm und 6 mm am besten. Dicker als 6 mm sollte das Sperrholz nicht sein. Je dünner es ist, desto leichter und schneller lassen sich die Teile aussägen, sie brechen allerdings auch leichter und die fertigen Modelle sind nicht so stabil.

LAUBSÄGE
Die Laubsäge besteht aus einem Metallbügel mit einem Holzgriff. An den Enden des Bügels befindet sich jeweils eine Flügelmutter zum Befestigen des Sägeblättchens. Das Sägeblättchen wird so zwischen die beiden Flügelmuttern gelegt, dass die Sägezähne zum Griff hin zeigen. Befestige ein Ende des Sägeblättchens, indem du eine Flügelmutter fest zudrehst. Dann muss der Metallbügel etwas zusammengedrückt und gleichzeitig die zweite Flügelmutter angezogen werden.

SÄGETISCHCHEN MIT SCHRAUBZWINGE
Das Sägetischchen besteht aus einem Holzbrettchen mit einem Loch und einem V-förmigen Einschnitt in der Mitte sowie einer Schraubzwinge. Es wird an der Tischplatte befestigt (siehe S. 7), dann kann auf ihm gesägt werden.

HALBRUNDE FEILE
Mit ihr werden unsauber ausgesägte Stellen korrigiert und ausgeglichen.

220ER SCHLEIFPAPIER
Dieses Schleifpapier ist sehr feinkörnig. Mit ihm glättest du die Ränder der ausgesägten Teile. Diese Sägeränder sind vor allem auf der Rückseite sehr rau.

KÖRNER ODER VORSTECHNADEL
Der Körner sieht wie ein Schraubendreher aus, der vorne nicht flach, sondern spitz ist. Mit ihm werden Vertiefungen ins Holz eingedrückt, damit man mit dem Bohrer nicht abrutscht oder damit sich Schrauben leichter eindrehen lassen. Du benötigst den Körner, um durch die Schablone dort eine Vertiefung ins Sperrholz zu drücken, wo später ein Loch gebohrt oder ein Schraubhaken eingedreht werden soll. Wenn du keinen Körner hast, kannst du auch eine Vorstechnadel nehmen.

UHU HOLZLEIM EXPRESS
Dieser Holzleim ist sehr praktisch, da er in wenigen Minuten trocknet. Er ist weiß, trocknet aber farblos auf.

FILZSTIFTE
Filzstifte brauchst du zum Aufmalen von Gesichtern oder anderen kleinen Details.

ACRYLFARBEN
Mit Acrylfarben, die wasserlöslich sind, werden die Modelle bemalt. Alternativ kannst du auch Plakat- oder Bastelfarben verwenden.

SO WIRD'S GEMACHT!

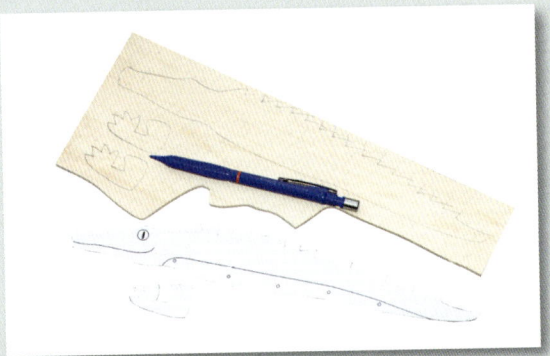

1 UMRISS AUF SPERRHOLZ ÜBERTRAGEN
Bevor du mit dem Aussägen beginnst, musst du Schablonen anfertigen, damit du die Motive auf das Sperrholz übertragen kannst. Mache dafür eine Fotokopie von der Vorlage und schneide sie grob aus. Dann klebst du sie auf einen Karton und schneidest die Teile exakt entlang der Linien aus. Lege die Schablone auf das Sperrholz und umfahre sie mit einem Bleistift.

Zum Video
www.topp-kreativ.de/7551-1

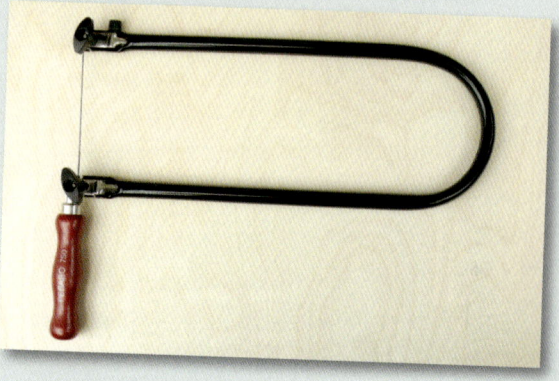

2 LAUBSÄGE VORBEREITEN
An den Enden des Bügels befindet sich jeweils eine Flügelmutter zum Befestigen des Sägeblättchens. Lege das Sägeblättchen so zwischen die beiden Flügelmuttern, dass die Sägezähne zum Griff hin zeigen. Befestige ein Ende des Sägeblättchens, indem du eine Flügelmutter fest zudrehst. Nun muss der Metallbügel etwas zusammengedrückt und gleichzeitig die zweite Flügelmutter angezogen werden. Jetzt kannst du gleich mit dem Sägen beginnen.

Zum Video
www.topp-kreativ.de/7551-2

> **Tipp:**
> Wenn du eine Schablone mit einer geraden Seite hast, platzierst du sie am besten bündig mit einer geraden Kante von deinem Sperrholz. So brauchst du diese Seite nicht aussägen.

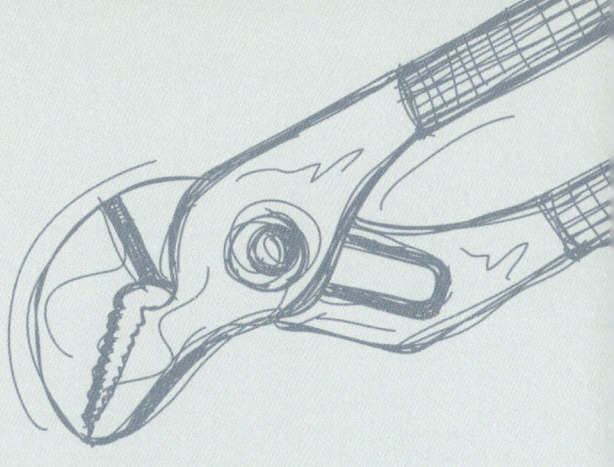

3 ARBEITSPLATZ VORBEREITEN

Befestige das Sägetischchen mit einer Schraubzwinge am Tisch. Es hat vorne, also dir zugewandt, eine breite Kerbe, die in eine runde Öffnung übergeht. Die Kerbe und die runde Öffnung sind der Bereich, in dem gesägt wird. Lege dein Sperrholz deshalb beim Sägen immer so auf das Sägetischchen, dass sich das Sägeblättchen in diesem Bereich befindet. Während des Sägens musst du dein Werkstück öfters in seiner Position korrigieren, damit du weiterhin innerhalb der Kerbe bleibst.

Zum Video
www.topp-kreativ.de/7551-3

4 MOTIV AUSSÄGEN

Beim Sägen zeigt der Griff der Säge immer nach unten. Lege das Sperrholz auf das Sägetischchen und halte es mit einer Hand fest. Gesägt wird dort, wo sich die Kerbe im Sägetischchen befindet. Säge immer von oben nach unten und halte das Sägeblatt beim Sägen stets senkrecht und niemals schräg. Sind ein paar Zentimeter gesägt, wird das Sperrholz einfach mit der Hand leicht gedreht und weitergeschoben.

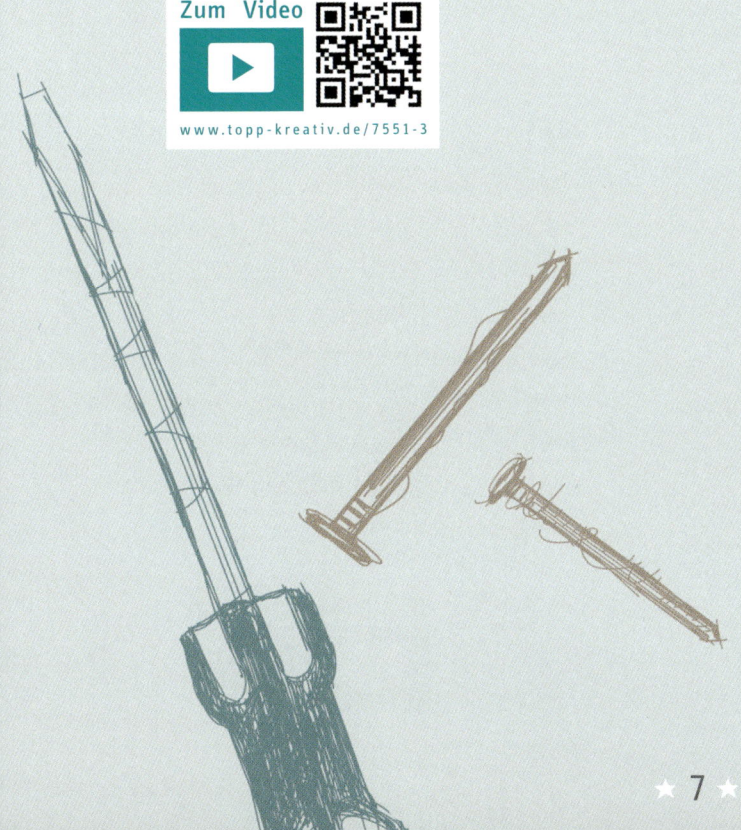

Zum Video
www.topp-kreativ.de/7551-4

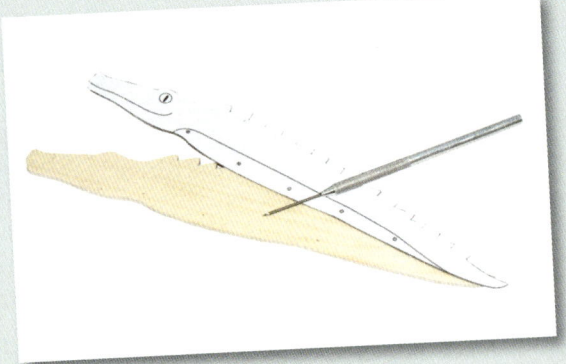

5 LÖCHER BOHREN

Wenn du an einer ganz bestimmten Stelle Löcher in dein Motiv bohren möchtest, legst du einfach deine Schablone auf das ausgesägte Teil und stichst mit einer Vorstechnadel an der gewünschten Stelle durch den Karton ins Holz. Dann nimmst du die Schablone ab, legst das Werkstück auf ein altes Brett und bohrst senkrecht durch die Einstichstelle.

www.topp-kreativ.de/7551-5

6 INNENFLÄCHEN AUSSÄGEN

Manche Motive haben Innenflächen, die herausgesägt werden müssen. Bohre dafür ein Loch in die Innenfläche. Dann löst du an deiner Laubsäge auf einer Seite das Sägeblättchen, steckst es durch das gebohrte Loch und schraubst es wieder fest. Jetzt kannst du die Innenfläche heraussägen. Anschließend löst du erneut das Sägeblättchen an einer Seite, ziehst es aus der Öffnung und befestigst es wieder an der Säge.

www.topp-kreativ.de/7551-6

7 SÄGERÄNDER GLÄTTEN

Wenn du dein Werkstück ausgesägt hast, hat es vor allem auf der Rückseite oft ausgefranste Ränder. Mit einem Schleifpapier mit 220er-Körnung kannst du diese Ränder glätten und nach Wunsch auch leicht abrunden. Wenn du die Kanten abrundest, musst du dies auch auf der Vorderseite tun. Manchmal hat dein ausgesägtes Teil auch leichte Wellen oder unsaubere Stellen – da hilft dann eine Feile.

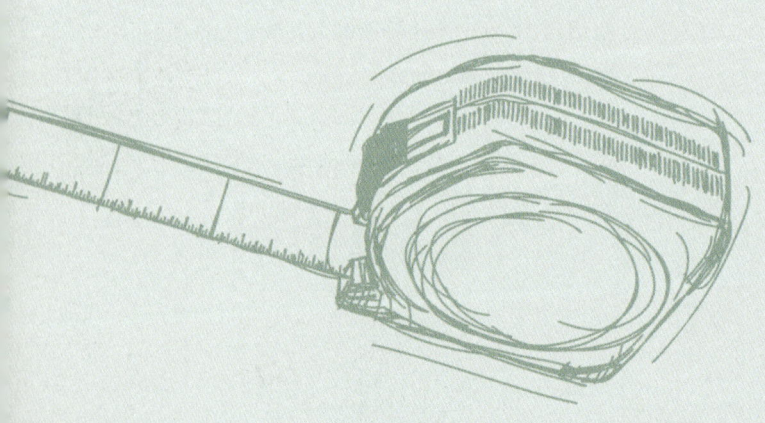

www.topp-kreativ.de/7551-7

8 MODELLE BEMALEN

Wenn du eine größere Fläche gleichmäßig bemalen möchtest, nimmst du dafür am besten ein Schwämmchen zur Hand (ca. 5 cm lang), das du mit einer Wäscheklammer greifst. Trage beim Malen immer zuerst die hellere Farbe auf und lass alles gut trocknen, bevor du mit der nächsten Farbe weiterarbeitest. Kleinere Details wie Gesichter malst du ganz am Schluss mit Filzstift auf.

Wenn zwei Farbflächen aneinandergrenzen, schneidest du die Schablone ganz einfach entlang der auf der Vorlage eingezeichneten Linie entzwei. Hier ist es der Bauch des Krokodils. Lege die Schablone noch einmal auf das Motiv und zeichne die Trennlinie mit Bleistift auf.

www.topp-kreativ.de/7551-8

9 TEILE ZUSAMMENLEIMEN

Holzteile werden in der Regel zusammengeleimt und nicht geklebt. Trage den Leim stets auf das kleinere Teil auf, hier ist es das Krokodilbein, und presse es anschließend auf das größere Teil, hier der Krokodilrumpf. Drücke beide Teile ein bis zwei Minuten zusammen oder verwende dafür eine Leimzwinge. Wenn du zu viel Leim aufgetragen hast, quillt er auf der Seite hervor und muss mit einem feuchten Tuch abgewischt werden. Der Leim ist später zwar transparent, aber er lässt sich nur schwer übermalen. Kleine Leimspuren kannst du auch mit einem spitzen Messer abschaben, solange der Leim noch feucht ist.

www.topp-kreativ.de/7551-9

FÜR LAUBSÄGEN-GREENHORNS

Coole Flitzer, Roboter-Magnete im Metallic-Look und Düsenjet mit Gummiantrieb: In diesem Kapitel findest du viele spannende Einsteigerprojekte, mit denen du erste Erfahrungen mit der Laubsäge sammeln kannst. Alle Modelle sind mit Schwierigkeitsgraden (★★★) gekennzeichnet, damit du mit den einfachen Projekten starten und dich Stück für Stück beim Sägen steigern kannst. Also – ran an die Laubsäge, Schraubzwinge fixieren und los geht's.

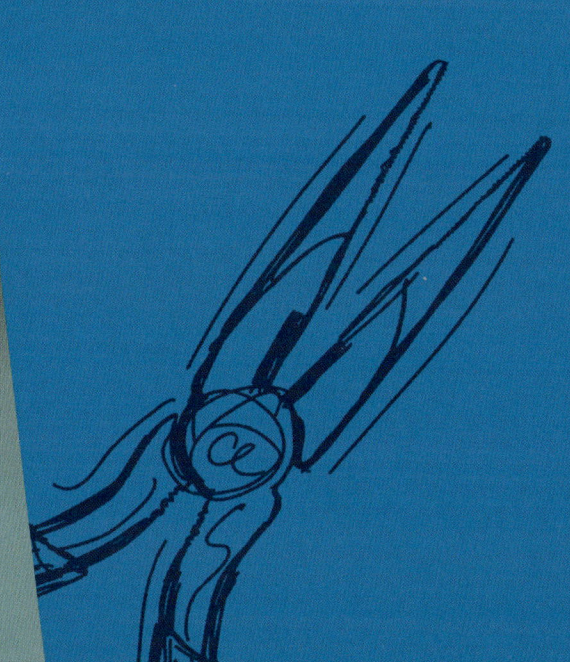

BEACHBALL-SPASS FÜR ZWEI

MOTIVLÄNGE
ca. 29 cm

MATERIAL
- [ ] Pappelsperrholz, 5 mm stark, 2 × A4
- [ ] Acrylfarben in Rot, Blau, Gelb und Weiß
- [ ] Schleifpapier, 220er-Körnung
- [ ] große Holzfeile
- [ ] UHU Holzleim Express

VORLAGE
Bogen 1A

1 Übertrage als Erstes die Umrisse der Schlägervorlagen wie in der Grundanleitung beschrieben auf das Sperrholz. Den Griff zeichnest du zweimal auf. Dann sägst du alle Teile aus. Wenn die Ränder beim Sägen etwas uneben geworden sind, feilst du sie mit der Feile nach. Anschließend glättest du die Ränder noch mit Schleifpapier.

2 Nun legst du zuerst die Schablone mit dem Blitz und dem Kreis auf und zeichnest den Umriss nach. Danach schneidest du den Blitz aus, legst ihn passgenau auf die Zeichnung auf dem Schläger und umfährst ihn mit dem Bleistift.

3 Beginne beim Bemalen zunächst mit dem Kreis oder dem Blitz. Danach malst du die restliche Fläche an. Die Griffe bemalst du jeweils auf einer Seite und an den Rändern mit Schwarz.

4 Schließlich leimst du die Griffe noch auf den Schläger und das Strandmatch kann beginnen.

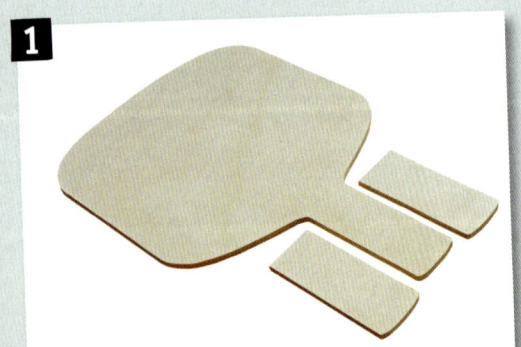

KÖNIG DER LÜFTE

1 Fertige von dem Adler eine Schablone an, lege sie auf das Sperrholz und zeichne den Umriss mit einem Bleistift nach.

2 Säge den Adler aus und glätte die Sägeränder mit Schleifpapier.

3 Nun wird der Adler auf beiden Seiten bemalt. Zeichne zuerst die Trennlinien wie in der Grundanleitung auf Seite 9 beschrieben auf das Holz. Da das Holz fast weiß ist, werden der Kopf und der weiße Streifen am Schwanzende nicht angemalt. Den Körper bemalst du mit Schwarz, den Schnabel mit Gelb. Das Auge tupfst du mit der Konturenfarbe auf. Beachte: Hierfür solltest du auf keinen Fall einen Filzstift nehmen, da die Farbe auf dem unbemalten Holz sofort zerfließt.

MOTIVLÄNGE
ca. 29 cm

MATERIAL
[ ] Pappelsperrholz, 5 mm stark, A4
[ ] Acrylfarbe in Schwarz und Gelb
[ ] Konturenfarbe in Schwarz
[ ] Schleifpapier, 220er-Körnung
[ ] Vorstechnadel
[ ] Holzbohrer, ø 2 mm
[ ] 3 Alu-Klangstäbe, innen hohl, ø 7 mm, 9 cm, 11 cm und 13 cm lang
[ ] Garn in Schwarz
[ ] 6 Holzperlen in Schwarz, ø 6 mm
[ ] 3 Holzperlen in Gelb, ø 8 mm

VORLAGE
Bogen 1A

4 Lege die Schablone auf den bemalten Adler und stich an den markierten Stellen mit einer Vorstechnadel durch die Schablone ins Holz. Bohre in die Einstichstellen kleine Löcher und befestige den Aufhängefaden an den Flügeln.

5 Fädle jeweils einen Faden durch die beiden Bohrlöcher der Klangstäbe und mache einen Knoten. Das kurze Fadenende abschneiden, auf das andere eine schwarze, eine gelbe und nochmals eine schwarze Perle fädeln. Nun befestigst du die Klangstäbe an den Schwanzfedern des Adlers. Der Abstand zwischen der obersten Holzperle und dem Vogel beträgt ca. 5 cm.

MIT SCHALL-GESCHWINDIGKEIT

1 Übertrage die Vorlagen des Düsenjets wie in der Grundanleitung beschrieben auf das Sperrholz.

2 Säge alle Teile aus. Bei den beiden Einschnitten am Rumpf und an den Flügeln musst du besonders sorgfältig arbeiten. Sind sie zu weit, greifen die Teile nicht wie gewünscht ineinander und die Flügel haben keinen Halt. Mithilfe eines Sperrholzrests, das du in die Einschnitte steckst, kannst du überprüfen, ob sie die richtige Breite haben. Lassen sich die Teile nicht leicht ineinanderschieben, feilst du mit einer kleinen flachen Holzfeile vorsichtig etwas nach.

3 Bemale die beiden Teile des Düsenjets und warte, bis die Farbe trocken ist. Überprüfe dann erneut, ob sich der Flieger gut zusammenstecken lässt. Eventuell musst du noch einmal mit der Feile nacharbeiten.

4 Fertige nun ebenfalls eine Schablone vom Fenster an, übertrage den Umriss zweimal auf weißen Karton und schneide die Teile aus. Kopiere die Sterne für die Flügel und schneide sie ebenfalls aus. Alle Teile anschließend auf den Düsenjet kleben.

5 Jetzt die Umrisse des Katapults auf das Holz übertragen, aussägen und am oberen Ende ein Loch bohren. Glätte die Ränder mit Schleifpapier und male das Katapult rundum mit roter Farbe an. Die Verzierungen mit Filzstift aufmalen. Dann das Gummiband etwa ein Drittel durch das Loch ziehen, das kurze Ende über das Katapult spannen und das andere Gummiende fest anziehen. Wie weit schafft es dein Flieger?

> **Spieltipp:**
> Veranstalte mit deinen Freunden ein Weitflugschießen. Alternativ dazu könnt ihr auch auf ein festes Ziel, z.B. ein großes Stück Pappe mit Loch, schießen.

MOTIVLÄNGE
ca. 19 cm

MATERIAL PRO FLIEGER
- Pappelsperrholz, 5 mm stark, A4
- Acrylfarbe in Rot und Blau bzw. Schwarz und Gelb
- Tonkartonrest in Weiß
- dicker Filzstift in Schwarz
- Schleifpapier, 220er-Körnung
- kleine Holzfeile
- UHU-Alleskleber
- Holzbohrer, ø 5 mm
- Gummiring, 3–5 mm breit

VORLAGE
Bogen 1A

ALLE NEUNE!

MOTIVHÖHE
Pinguin und Walross ca. 18,5 cm

MATERIAL
- [ ] Pappelsperrholz, 5 mm stark, 9 × A5
- [ ] 18 Holzleisten, 1 cm × 1 cm, 5 cm lang
- [ ] Tonkarton in Weiß, 2 × A3
- [ ] Acrylfarbe in Schwarz, Rot, Blau und Braun
- [ ] Filzstift in Schwarz
- [ ] Schleifpapier, 220er-Körnung
- [ ] UHU Holzleim Express

VORLAGE
Bogen 2A

1 Fertige zuerst wie in der Grundanleitung beschrieben Schablonen von allen Vorlagen an. Dann überträgst du die Motive mit einem Bleistift auf das Sperrholz. Die ovale Bodenplatte ist beim Pinguin und dem Walross dieselbe. Übertrage sie insgesamt neunmal, den Pinguin achtmal und die beiden Walrossteile je einmal. Säge die Teile aus und glätte die Ränder mit dem Schleifpapier.

2 Bemale nun die Pinguine und sechzehn der Holzleisten komplett mit schwarzer Farbe. Die zwei übrigen Leisten und die Walrossteile malst du – bis auf die Stoßzähne – braun an. Anschließend bemalst du noch acht Bodenplatten mit Rot und eine mit Blau.

3 Jetzt bekommt der Pinguin sein Gewand. Übertrage die Umrisse der beiden verbliebenen Schablonen (das weiße Wangenteil mit Auge und die weiße Brustfläche) jeweils sechzehnmal auf den weißen Karton und schneide alle Teile aus. Dann klebst du sie wie auf dem Bild zu sehen beidseitig auf jeden Pinguin und malst die Augen auf.

4 Damit der Pinguin einen besseren Halt auf der Bodenplatte hat, leimst du nun am unteren Rand auf jeder Seite eine schwarze Leiste an. Wenn der Leim trocken ist, fixierst du den Pinguin auf der Bodenplatte.

5 Das Walross arbeitest du auf dieselbe Weise wie die Pinguine. Male die Augen und die Nasenlöcher mit dem Filzstift auf und leime die Schnauze auf das Walrossgesicht. Am unteren Rand des Körpers leimst du die Holzleisten an und danach das Walross auf die Bodenplatte.

HANDZAHMER DRACHE

1 Als Erstes fertigst du gemäß der Vorlage eine Schablone des Drachen an. Dann legst du die Schablone auf das Sperrholz und zeichnest den Umriss mit einem Bleistift nach. Säge den Drachen aus und glätte die Sägeränder mit dem Schleifpapier.

2 Nun malst du den Drachen bis auf die Flügel und die Hörner mit roter Farbe an. Letztere und der Holzstab werden schwarz angemalt. Für das Gesicht, die Klauen und die Hautschuppen verwendest du einen schwarzen Filzstift.

3 Lege den Holzstab auf die Drachenrückseite und markiere mit der Vorstechnadel die beiden Stellen, an denen der Stab durchbohrt werden soll. Dann nimmst du den Stab beiseite und bohrst die Löcher. Bevor du den Holzstab an den Drachen schraubst, streichst du ihn zusätzlich noch mit wetterfestem Holzleim ein.

4 Zum Schluss bestreichst du den Drachen samt Holzstab noch einmal rundum mit wasserfestem Klarlack, sodass er Wind und Wetter trotzen kann.

MOTIVLÄNGE
ca. 31 cm

MATERIAL
- [ ] Pappelsperrholz, 6 mm stark, A4
- [ ] Holzstab, 1 cm × 1 cm, 50 cm lang
- [ ] 2 Schrauben, 1,3 cm lang
- [ ] Acrylfarbe in Rot und Schwarz
- [ ] Filzstift in Schwarz
- [ ] wasserfester Klarlack
- [ ] Schleifpapier, 220er-Körnung
- [ ] Vorstechnadel
- [ ] wetterfester Holzleim
- [ ] Bohrer, ø 2 mm

VORLAGE
Bogen 1A

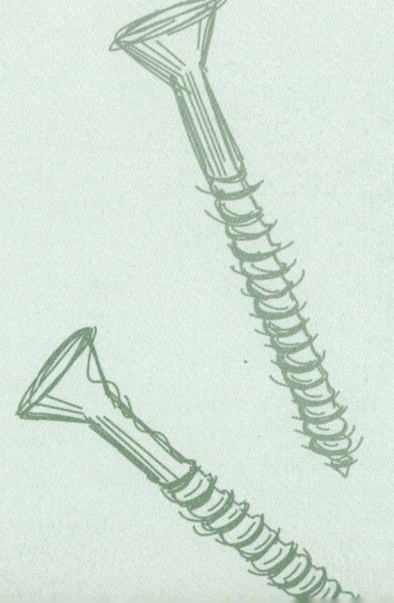

ICH-BIN-EIN-RO-BO-TER

1 Fertige von jedem Roboter eine Schablone an. Lege die Schablonen auf das Sperrholz und zeichne die Umrisse mit Bleistift nach.

2 Nun sägst du die Roboter aus und glättest die Ränder mit dem Schleifpapier. Um größere Unebenheiten auszugleichen, nimmst du eine kleine Feile zu Hilfe.

3 Male die Roboter mit der goldenen und silbernen Acrylfarbe an. Lass alles gut trocknen und zeichne anschließend mit dem Filzstift die Linien, Knöpfe und Schalter auf.

4 Klebe auf die Rückseite der Roboter je einen kleinen Magneten in die Mitte und warte ein paar Minuten, damit deine Roboter voll einsatzbereit sind.

MOTIVHÖHE
ca. 8,5 cm, 9,5 cm, 10,5 cm und 12,5 cm

MATERIAL
[ ] Pappelsperrholz, 4 mm stark, A4
[ ] Acrylfarbe in Gold und Silber
[ ] feiner Filzstift in Schwarz
[ ] Schleifpapier, 220er-Körnung
[ ] evtl. kleine Feile
[ ] UHU-Alleskleber
[ ] 4 Knopfmagnete, ø 1 cm

VORLAGE
Bogen 2A

> Hinweis: Diese Roboter sehen nicht nur cool aus, sondern sind auch ganz schön praktisch! Durch die Magnete haften sie an fast allen metallischen Flächen.

3a

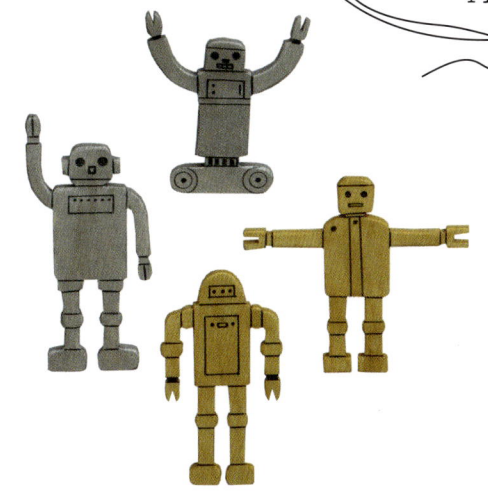

3b

LUSTIGE MASKERADE

MOTIVBREITE
Wikingerhelm (ohne Holzstab) ca. 29 cm

MATERIAL PRO MASKE
- [ ] Pappelsperrholz, 4 mm stark, A4
- [ ] Holzstab, 1 cm x 1 cm, 50 cm lang
- [ ] Acrylfarbe in Schwarz, Silber und Gold (Wikinger), Grün, Gold, Lila und Schwarz (Alien) und Lila, Schwarz, Orange, Rot und Gelb (Monster)
- [ ] Schleifpapier, 220er-Körnung
- [ ] Cutter
- [ ] Schneideunterlage
- [ ] UHU Holzleim Express
- [ ] Holzbohrer, ø 3 mm

VORLAGE
Bogen 1B

1 Als Erstes fertigst du dir wie in der Grundanleitung beschrieben zu jeder Vorlage eine Schablone an. Beim Alien und beim Monster müssen die Augenöffnungen und beim Monster zusätzlich noch die Nase herausgeschnitten werden. Dies geht am einfachsten mit einem Cutter. Bitte hierfür einen Erwachsenen um Hilfe.

2 Übertrage sämtliche Umrisslinien mit Bleistift auf das Sperrholz und säge alle Teile an den Außenkanten aus. Für den Alien sägst du zusätzlich noch ein Dreieck aus, das später nach dem Anmalen auf die Stirn geleimt wird.

3 Um die Augen- und Nasenöffnungen auszusägen, bohrst du ein Loch in die entsprechenden Stellen und sägst die Innenflächen wie in der Grundanleitung auf Seite 8 beschrieben aus. Dann glättest du die Ränder mit dem Schleifpapier.

4 Bemale nun die Masken. Orientiere dich dabei an der Abbildung.

5 Leime zum Schluss noch den Holzstab und bei der Alienmaske das Dreieck an die Maske. Fertig!

MOTIVGRÖSSE
19,5 cm × 19,5 cm

MATERIAL
- Pappelsperrholz, 5 mm stark, A4
- Tonkarton in Schwarz
- Acrylfarbe in Türkis und Ultramarinblau
- Schleifpapier, 220er-Körnung
- UHU-Alleskleber
- Vorstechnadel

VORLAGE
Bogen 2B

BUNTES MÜHLESPIEL

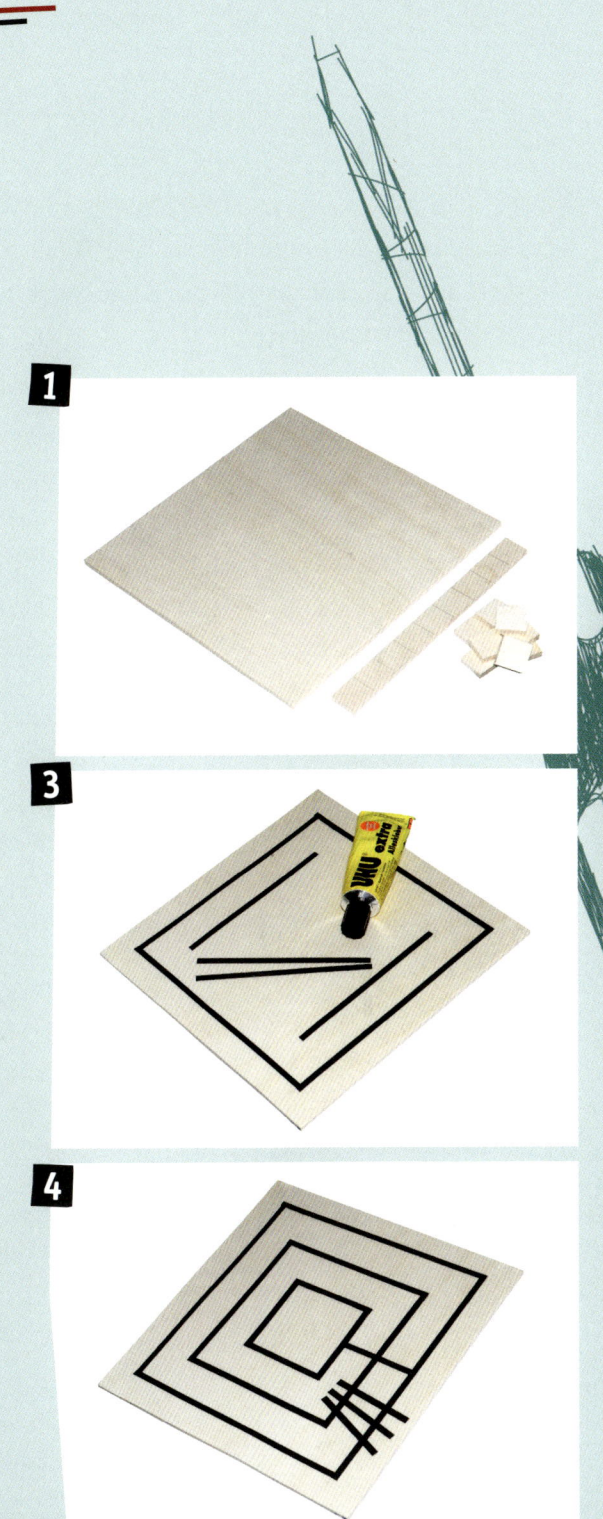

1 Fertige zunächst von beiden Vorlagen eine Schablone an. Diese platzierst du jeweils so auf der Sperrholzplatte, dass zwei Seiten bündig mit dem Rand abschließen. Übertrage die Umrisse mit Bleistift auf die Sperrholzplatte und säge das Spielbrett einmal und den Holzstreifen zweimal aus. Schneide nun von der schmalen Schablone ein quadratisches Stück ab und lege es bündig auf den Sperrholzstreifen. Ziehe mit dem Bleistift einen Querstrich und verschiebe die Schablone um 1,5 cm, um einen weiteren Strich zu ziehen usw. Dann sägst du von dem Holzstreifen die Spielsteine ab und glättest anschließend die Ränder von Spielbrett und Steinen mit Schleifpapier.

2 Lege die Schablone auf das Spielbrett. Nimm die Vorstechnadel und stich an den Eck- und Kreuzungspunkten durch die Schablone ins Holz.

3 Nun schneidest du die Spielfeldlinien aus schwarzem Tonkarton aus. Die Streifen sind jeweils 0,5 cm breit und haben folgende Längen: 4 × 16 cm, 4 × 11 cm, 4 × 6 cm und 4 × 5 cm. Beginne beim Aufkleben mit den vier längsten Streifen ganz außen. Die Einstichstellen sind dabei die Eckpunkte. Dann fährst du mit den 11 cm langen Streifen fort.

4 Nun klebst du noch die 6 cm und die 5 cm langen Streifen auf. Orientiere dich dabei an der Abbildung.

5 Male als Letztes neun Spielsteine in Türkis und neun Steine in Ultramarinblau an. Dann kann dein Spiel beginnen.

GRUSELIGE GESELLEN

1 Übertrage die Vorlagen mithilfe selbst angefertigter Schablonen wie in der Grundanleitung beschrieben auf das Sperrholz. Dann sägst du die Motive aus und glättest die Ränder mit dem Schleifpapier.

2 Bemale die Fledermaus rundum mit schwarzer Farbe. Das Gespenst wird nicht angemalt, da das Holz selbst fast weiß ist. Für das Gespenstergesicht schneidest du aus deiner bereits vorhandenen Geisterschablone den Mund aus. Lege die so neu entstandene Schablone auf den schwarzen Karton, umfahre den Umriss und schneide den Mund aus. Dann klebst du ihn auf das Gespenst. Die Augen und die Nasenlöcher tupfst du mit der Konturenfarbe auf.

3 Damit die Motive als Girlande aufgehängt werden können, müssen sie noch jeweils zweimal durchbohrt werden. Lege dazu die Schablone auf das ausgesägte Motiv und stich mit der Vorstechnadel an den markierten Stellen durch die Schablone ins darunter liegende Holz. Nimm die Schablone ab und bohre an den beiden Einstichstellen die Löcher.

4 Klebe der Fledermaus nun noch die Wackelaugen auf. Da die Augen sehr klein sind, greifst du sie am besten mit einer Pinzette, träufelst etwas Klebstoff auf und platzierst sie dann an der gewünschten Stelle.

5 Zum Schluss fädelst du die Gespenster und die Fledermäuse so auf das Garn, wie es dir gefällt.

> **Tipp:**
> Du kannst die Fledermäuse und Gespenster auch einzeln an Gummibändern oder Zugfedern aufhängen. Wenn du dann an ihnen ziehst, ist es fast so, als ob sie durch die Luft fliegen.

MOTIVHÖHE
Gespenst ca. 20 cm
Fledermaus ca. 10 cm

MATERIAL
[ ] Pappelsperrholz, 4 mm stark, A3
[ ] Tonkartonrest in Schwarz
[ ] Acrylfarbe in Schwarz
[ ] Konturenfarbe in Schwarz
[ ] Schleifpapier, 220er-Körnung
[ ] Vorstechnadel
[ ] Pinzette
[ ] UHU-Alleskleber
[ ] Bohrer, ø 2 mm
[ ] Wackelaugen, ø 7 mm
[ ] Garn in Schwarz

VORLAGE
Bogen 1B

COWBOY UND INDIANER

MOTIVLÄNGE
Bowiemesser ca. 25 cm
Tomahawk ca. 40 cm
Sheriffstern ca. ø 5,5 cm

MATERIAL
- [ ] Pappelsperrholz, 5 mm stark, A4
- [ ] Haselrute, ca. ø 2 cm, 40 cm lang
- [ ] Acrylfarbe in Gold, Silber und Dunkelbraun
- [ ] Schleifpapier, 220er-Körnung
- [ ] UHU-Alleskleber
- [ ] UHU Holzleim Express
- [ ] 2 Spaxschrauben, 1,5 cm lang
- [ ] Schraubenzieher
- [ ] Vorstechnadel
- [ ] Bohrer, ø 2 mm
- [ ] Taschenmesser
- [ ] Micro-Wildlederband in Schwarz, 3 mm breit, 50 cm lang
- [ ] Broschennadel in Gold, 3 cm lang

VORLAGE
Bogen 1A

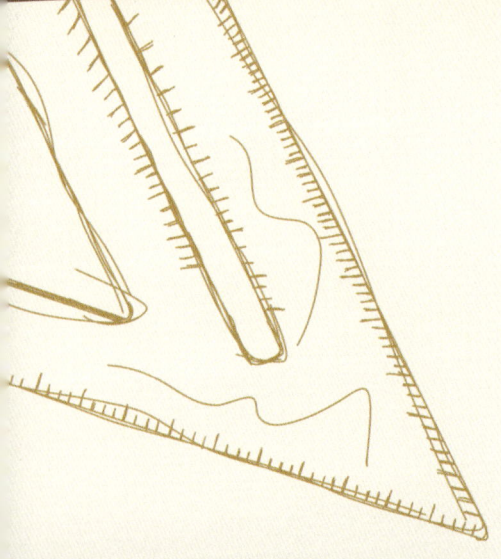

1 Übertrage alle Vorlagen bis auf den Sheriff-Schriftzug mithilfe von zuvor angefertigten Schablonen auf das Sperrholz. Den Messergriff zeichnest du zweimal auf. Dann sägst du alle Teile aus und glättest die Ränder mit Schleifpapier.

2 Für das Bowiemesser bemalst du die Klinge rundum mit silberner Farbe, die beiden Messergriffe malst du dunkelbraun an. Wenn die Farbe getrocknet ist, leimst du die Griffteile auf die Vorder- und Rückseite des Messers.

3 Bemale den Sheriffstern beidseitig und auch an den Rändern in Gold. Auf die Rückseite klebst du die Broschennadel. Vom Sheriff-Schriftzug machst du einfach eine Fotokopie, schneidest ihn aus und klebst ihn auf die Sternvorderseite.

4 Jetzt bemalst du die Tomahawkklinge auf beiden Seiten sowie an den Rändern. Wenn die Farbe trocken ist, legst du die Schablone auf die Klinge und stichst mit der Vorstechnadel zweimal an den markierten Stellen durch die Schablone ins Holz. Dann bohrst du mit dem Bohrer an diesen Stellen ein Loch. Damit die Klinge am Stiel später nicht wackelt, sägst du die Haselrute 5 cm von einem Ende entfernt quer etwa 0,5 cm tief ein. Das 5 cm lange Stück oberhalb der Sägelinie entfernst du mit dem Taschenmesser, bis du eine ebene Auflagefläche für die Klinge hast.

5 Nun befestigst du die Klinge mit den beiden Schrauben. Zusätzlich wird die Klinge noch mit dem Lederband fixiert. Dazu legst du die Bandmitte oberhalb der Klinge auf die Rute und schlingst die beiden Bandenden einmal darum. Dann überkreuzt du die Enden auf der Klinge und schlingst das Band noch einmal unterhalb der Klinge um die Rute. Danach werden die Bandenden miteinander verknotet und gekürzt.

GEFÄHRLICHE GEFÄHRTEN AUS DER URZEIT

MOTIVHÖHE
Tyrannosaurus Rex ca. 19 cm
Stegosaurus ca. 14 cm

MATERIAL PRO SAURIER
- Pappelsperrholz, 5 mm stark, A4
- Acrylfarbe in Grün und Schwarz oder in Blau und Dunkelrot
- feiner Filzstift in Schwarz
- Schleifpapier, 220er-Körnung
- kleine Holzfeile

VORLAGE
Bogen 2A

1 Übertrage alle Teile mithilfe von zuvor angefertigten Schablonen auf das Sperrholz.

2 Nun sägst du die Saurierteile aus. Bei den Einschnitten von Körper und Beinen solltest du dabei besonders sorgfältig arbeiten. Um zu überprüfen, ob die Einschnitte breit genug sind, steckst du ganz einfach einen Sperrholzrest hinein. Lassen sich die Hölzer nicht leicht ineinanderschieben, feilst du mit einer kleinen flachen Holzfeile vorsichtig etwas nach. Hast du alle Einschnitte überprüft, kannst du den Saurier zusammenstecken. Die Teile sollten sich leicht ineinanderfügen lassen, denn durch die noch folgende Farbschicht werden die Einschnitte wieder etwas schmaler.

3 Bemale die Dinosaurierteile mit den Acrylfarben. Die Augen und Nasenlöcher werden mit dem Filzstift aufgetupft. Bevor du die bemalten Teile zusammensteckst, überprüfst du noch einmal mit einem Sperrholzrest, ob die Einschnitte passend sind und korrigierst gegebenenfalls mit der Feile.

MONSTERMÄSSIGES TÜRSCHILD

1 Fertige zunächst von allen Vorlagen Schablonen an und übertrage die Umrisse der beiden Kopfteile mit einem Bleistift auf das Sperrholz. Säge die Teile aus und glätte die Ränder mit dem Schleifpapier.

2 Für die Aufhängung des Schildes bohrst du nun zwei Löcher. Lege dazu die Schablone auf das große Holzteil und stich mit der Vorstechnadel an den markierten Stellen durch die Schablone ins Holz. Nimm die Schablone wieder ab und bohre an beiden Einstichstellen ein Loch.

3 Jetzt bemalst du das große Holzteil mit hellroter Farbe. Die kugelförmigen Flächen, auf die später die gelben Augen geklebt werden, malst du dunkelrot an. Während die Farbe trocknet, schneidest du dir ein Schild und die Augen mithilfe der Schablonen aus gelbem und schwarzem Tonkarton aus. Klebe anschließend die Augen auf den Kopf und ziehe den Faden durch das Schild.

4 Bemale das kleine Kopfteil mit dunkelroter Farbe. Die Zähne werden nicht angemalt. Die beiden Nasenlöcher noch aus schwarzem Karton ausschneiden und aufkleben.

5 Zum Schluss leimst du das kleine Kopfteil auf das große. Das Monster befestigst du mit doppelseitigem Klebeband an der Tür.

MOTIVHÖHE
ca. 19 cm (ohne Schild)

MATERIAL
- [ ] Pappelsperrholz, 5 mm stark, A3
- [ ] Tonkartonreste in Gelb und Schwarz
- [ ] Acrylfarbe in Hell- und Dunkelrot
- [ ] Garn in Rot
- [ ] Schleifpapier, 220er-Körnung
- [ ] Vorstechnadel
- [ ] UHU Holzleim Express
- [ ] UHU-Alleskleber
- [ ] doppelseitiges Klebeband
- [ ] Bohrer, ø 2 mm

VORLAGE
Bogen 1B

Tipp: Wenn du möchtest, kannst du auf die Rückseite des Schilds eine zweite Nachricht schreiben. Dir fallen sicher noch ein paar mehr Sprüche ein.

3

4

HAI-ALARM!

MOTIGRÖSSE
Fisch ca. 17 cm
Ring ca. ø 11 cm

MATERIAL
- [ ] Pappelsperrholz, 5 mm stark, 20 cm × 20 cm
- [ ] Acrylfarbe in Rot, Hell- und Dunkelblau
- [ ] dicker Filzstift in Schwarz
- [ ] Malglitter in Blau
- [ ] Schleifpapier, 220er-Körnung
- [ ] Vorstechnadel
- [ ] UHU-Alleskleber
- [ ] Holzbohrer, ø 2 mm
- [ ] Pinzette
- [ ] 2 Wackelaugen, ø 3 mm
- [ ] Garn in Rot und Blau

VORLAGE
Bogen 1B

1 Fertige von beiden Vorlagen wie in der Grundanleitung beschrieben eine Schablone an und übertrage die Umrisse auf das Sperrholz.

2 Säge beide Teile aus und glätte die Ränder mit dem Schleifpapier. Für das Aussägen der Ringinnenfläche bohrst du zuerst ein Loch in die Kreismitte und gehst anschließend wie auf Seite 8 beschrieben vor.

3 Jetzt bemalst du die beiden Holzteile mit der roten bzw. blauen Acrylfarbe. Beim Fisch trägst du nach dem Trocknen zusätzlich noch den Malglitter auf und verteilst ihn mit dem Finger. Die schwarzen Linien auf dem Ring malst du mit dem dicken schwarzen Filzstift auf.

4 Für die Aufhängung bohrst du nun noch die Löcher in die Holzteile. Lege dazu die Schablonen auf die bemalten Motive und stich mit der Vorstechnadel an der markierten Stelle durch die Schablone ins Holz. Entferne die Schablonen, bohre an der Einstichstelle jeweils ein Loch und knote einen ca. ein Meter langen Faden an.

5 Zum Schluss klebst du noch die Wackelaugen auf. Da die Augen sehr klein sind, greifst du sie am besten mit einer Pinzette. Träufle etwas Klebstoff auf und platziere die Augen auf dem Fisch.

Spielidee:
Hänge den Ring und den Hai mit einem Abstand von ca. 20 cm auf. Der Fisch hängt dabei so hoch, dass er genau in die Ringmitte zielt. Packe den Fisch am Schwanz, ziehe ihn nach hinten und lass ihn wieder los. Ziel ist es, den Fisch mit dem Kopf durch den Ring fliegen zu lassen.

MOTIVLÄNGE
ca. 25 cm

MATERIAL
- [ ] Pappelsperrholz, 5 mm stark, A5 (Rumpf, Rotorplatte und Kufen)
- [ ] Pappelsperrholz, 3 mm stark, 23 cm × 1 cm (Dach- und Heckrotor)
- [ ] Acrylfarbe in Rot und Blau
- [ ] Tonkarton in Weiß
- [ ] 2 Rundholzstäbchen, ø 3 mm, 2 cm lang
- [ ] 2 Holzperlen in Rot, ø 1 cm
- [ ] Schleifpapier, 220er-Körnung
- [ ] Vorstechnadel
- [ ] Holzbohrer, ø 3 mm und 4 mm

VORLAGE
Bogen 1A

IM LANDEANFLUG

1 Fertige dir von allen Vorlagen Schablonen an und übertrage die Umrisse vom Hubschrauberrumpf, den Kufen (2 x) und der Rotorplatte auf das dickere Sperrholz. Für die Rotoren nimmst du das dünnere Sperrholz. Säge den Holzstreifen dafür nach 6 cm entzwei und glätte anschließend die Ränder aller Teile mit Schleifpapier.

2 Um die Achsen für die beiden Rotoren zu befestigen, bohrst du in das Hubschrauberheck und die Rotorplatte ein Loch (ø 3 mm). Lege dafür die jeweilige Schablone auf das Holzteil und stich mit der Vorstechnadel an den markierten Stellen durch den Karton ins Holz. Nimm die Schablone wieder ab und durchbohre das Holz an der Einstichstelle. Dann steckst du in die Bohrlöcher jeweils ein Rundholzstäbchen. Beim Bohren für die Löcher der Rotoren verfährst du genauso. Die Bohrlöcher sind hier jedoch etwas größer, damit sich die Rotoren drehen können (ø 4 mm).

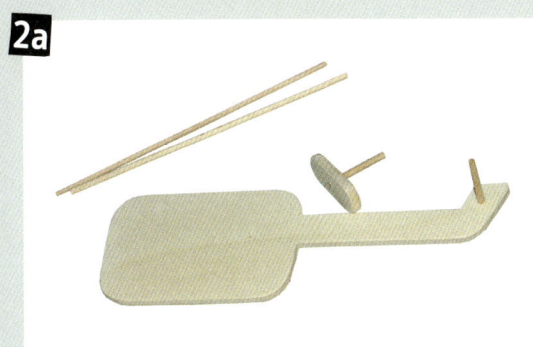

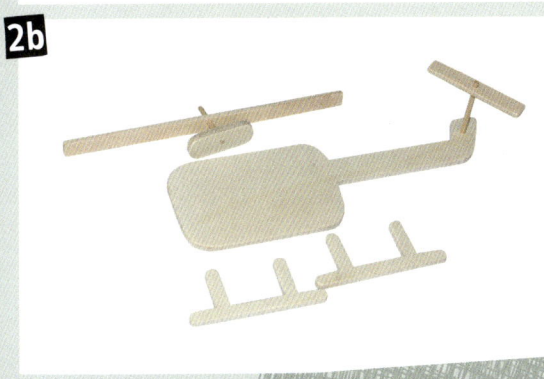

3 Bemale nun alle Teile und lass die Farbe gut trocknen. Stecke den Dachrotor auf die Rotorplatte und darauf noch eine Holzperle. Am Heck steckst du ebenfalls den Heckrotor und eine Holzperle auf. Achte darauf, die Perlen nicht zu dicht an die Rotoren zu stecken, damit sie sich noch leicht drehen lassen.

4 Lege die Schablone für das Fenster auf den weißen Karton, zeichne den Umriss zweimal nach und schneide alles aus. Dann die beiden Sterne aus der kopierten Vorlage ausschneiden und gemeinsam mit den Fenstern auf den Hubschrauber kleben.

5 Jetzt leimst du noch die Kufen an. Leime zuerst nur eine Kufe an. Wenn der Leim trocken ist, befestigst du die andere Kufe. Achte dabei darauf, dass der Hubschrauber einen guten Stand hat.

COOLE FLITZER

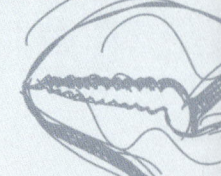

MOTIVLÄNGE
ca. 13 cm und 14 cm

MATERIAL PRO AUTO
[ ] Pappelsperrholz, 5 mm stark, 15 cm × 6 cm
[ ] 4 Holzkugeln, halb gebohrt, ø 2 cm
[ ] Acrylfarbe in Schwarz, Rot, Blau und Gelb
[ ] Tonkarton in Schwarz und Weiß
[ ] 2 Rundholzstäbchen, ø 3 mm, 3 cm lang
[ ] Schleifpapier, 220er-Körnung
[ ] Vorstechnadel
[ ] UHU-Alleskleber
[ ] Holzbohrer, ø 4 mm

VORLAGE
Bogen 2A

1 Fertige als Erstes vom Auto und dem Fenster eine Schablone an. Lege die Autoschablone auf das Sperrholz, ziehe den Umriss mit Bleistift nach und säge das Auto aus. Die Ränder glättest du mit Schleifpapier.

2 Male das Auto nun an. Dann legst du die Autoschablone auf und stichst mit der Vorstechnadel jeweils in die Kreuzmitte, wo die Löcher für die Achsen gebohrt werden sollen. Nimm die Schablone ab und bohre an den Einstichstellen jeweils ein Loch.

3 Male die Holzkugeln schwarz an. Stecke die beiden Rundholzstäbchen als Achsen in die Bohrlöcher und die Kugeln als Räder darauf. Wenn die Holzkugeln nicht richtig halten, gibst du etwas Klebstoff in die Löcher.

4 Übertrage den Umriss der Fensterschablone zweimal auf den weißen Tonkarton. Schneide die Fenster aus und klebe sie beidseitig auf das Auto. Zum Schluss klebst du auf beide Seiten je einen ca. 5 mm breiten schwarzen Streifen aus Karton und eine Wagennummer (siehe Vorlage) auf.

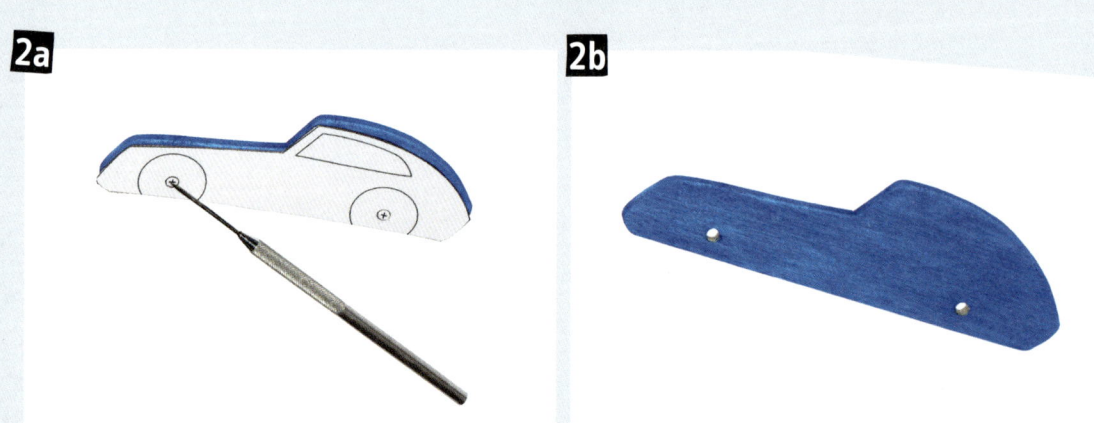

Hinweis:
Achte beim Bohren der Löcher für die Achsen darauf, den Bohrer senkrecht zu halten, da sonst die Achsen schief werden.

FÜR LAUBSÄGEN-PROFIS

In diesem Kapitel findest du viele weitere coole Projekte, mit denen du deine Handwerkerfähigkeiten so richtig unter Beweis stellen kannst. Wie zuvor sind alle Modelle mit Schwierigkeitsgraden (★★★) gekennzeichnet und einige Projekte können durchaus ganz schön knifflig sein. Bitte deshalb einfach einen Erwachsenen um Hilfe, wenn du einmal nicht mehr weiter weißt. Gemeinsam an einem Projekt zu arbeiten macht Spaß und ihr könnt verschiedene Ideen beim Sägen und Handwerken austauschen. Auf geht's!

COOLES NOTIZBOARD

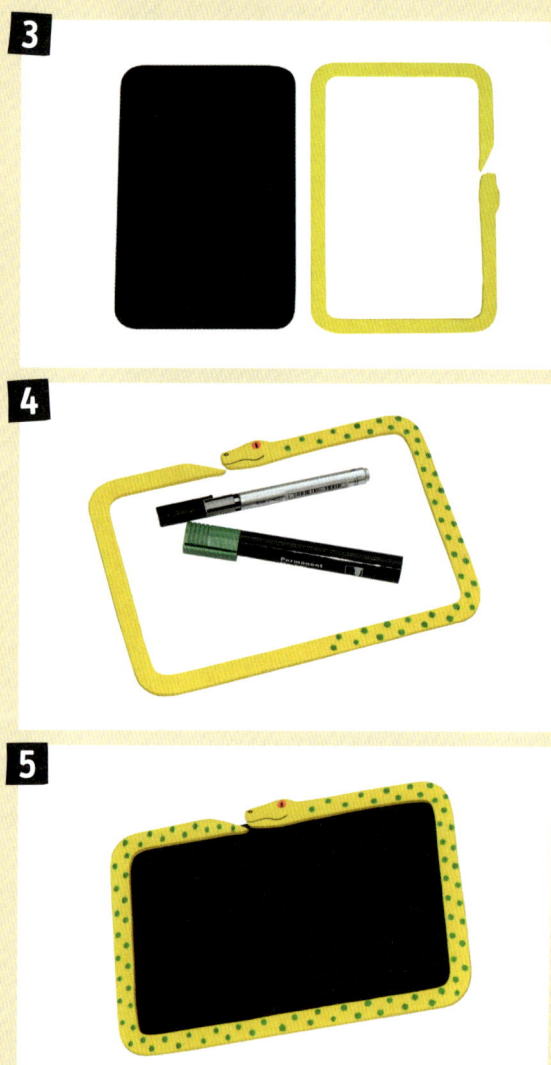

1 Fertige als Erstes von beiden Teilen Schablonen an. Lege sie auf das Sperrholz und fahre die Umrisse mit einem Bleistift nach. Dann sägst du beide Teile aus. Bei der Schlange solltest du dabei ganz behutsam vorgehen, denn sie ist sehr schlank und kann sehr leicht zerbrechen.

2 Glätte die Ränder mit dem Schleifpapier. Bei den langen und geraden Rändern musst du eventuell noch mit einer kleinen Feile Korrekturen vornehmen.

3 Male die Schlange mit der gelben Acrylfarbe an. Die Tafel bemalst du mit der Magnetfarbe in Schwarz. Diese Spezialfarbe sorgt dafür, dass die Magnete später an der Tafel haften bleiben.

4 Jetzt malst du die Details der Schlange auf. Zeichne mit dem feinen Filzstift zuerst das Schlangengesicht und das rote Auge auf. Anschließend tupfst du mit dem dicken Filzstift die grünen Punkte auf den Schlangenkörper. Beginne dabei am besten hinter dem Kopf.

5 Zum Schluss leimst du die Schlange auf die schwarze Tafel und lässt alles gut trocknen. Um deine Tafel aufzuhängen, klebst du entweder doppelseitiges Klebeband auf die Rückseite oder du bohrst zwei Löcher in den Schlangenkörper und schraubst die Tafel an die Wand.

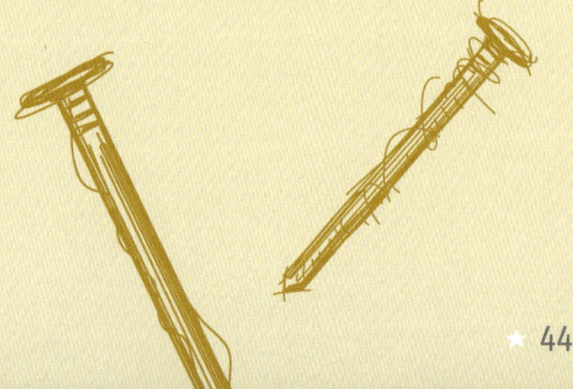

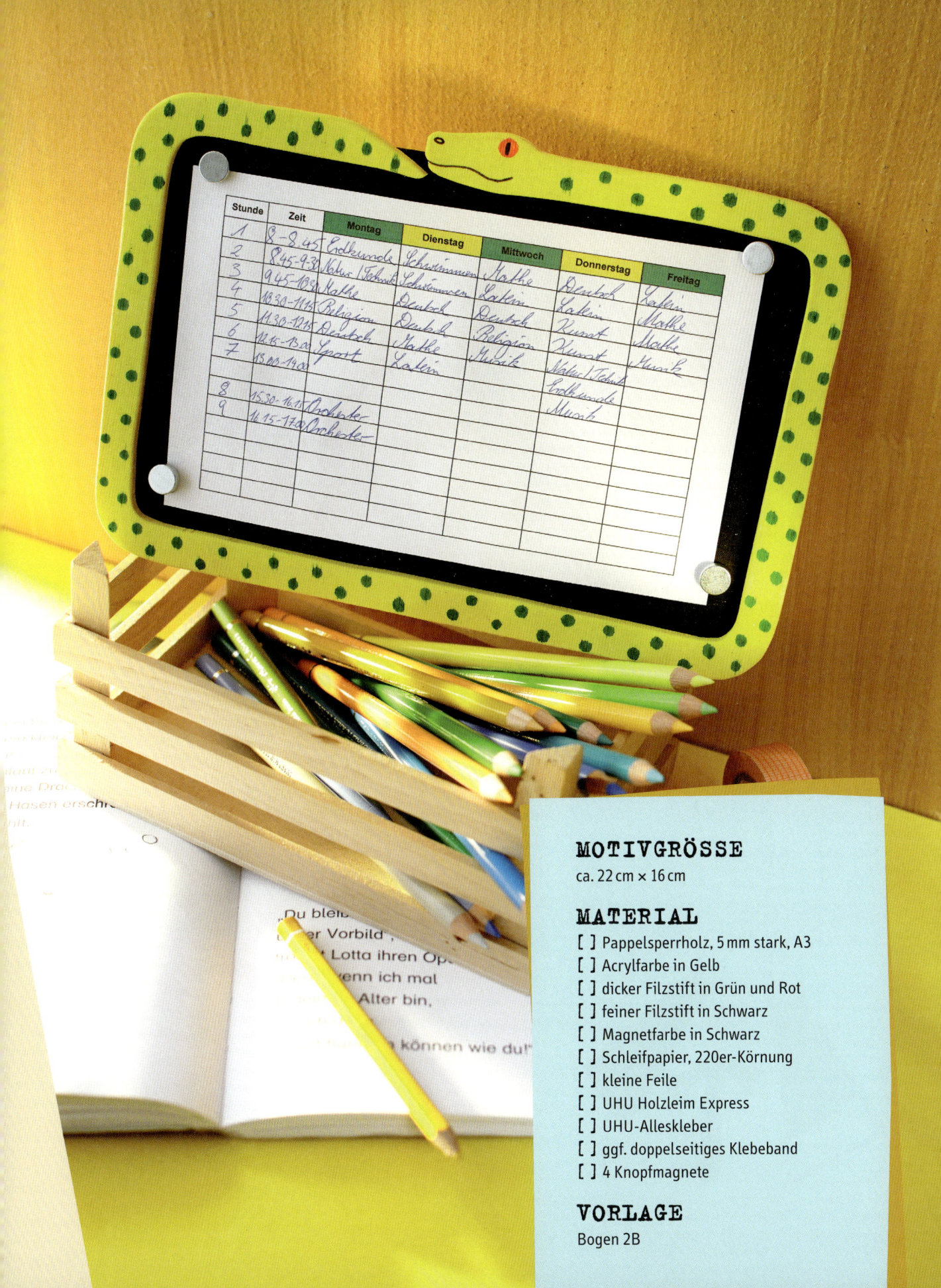

MOTIVGRÖSSE
ca. 22 cm × 16 cm

MATERIAL
[ ] Pappelsperrholz, 5 mm stark, A3
[ ] Acrylfarbe in Gelb
[ ] dicker Filzstift in Grün und Rot
[ ] feiner Filzstift in Schwarz
[ ] Magnetfarbe in Schwarz
[ ] Schleifpapier, 220er-Körnung
[ ] kleine Feile
[ ] UHU Holzleim Express
[ ] UHU-Alleskleber
[ ] ggf. doppelseitiges Klebeband
[ ] 4 Knopfmagnete

VORLAGE
Bogen 2B

WACKEL-DRACULA

MOTIVLÄNGE
ca. 28 cm

MATERIAL
- [ ] Pappelsperrholz, 5 mm stark, 3 × A4
- [ ] Rundholzstäbchen, ø 3 mm, 2 cm lang
- [ ] Acrylfarbe in Schwarz, Weiß und Rot
- [ ] Malglitter in Rot
- [ ] feiner Filzstift in Schwarz
- [ ] Schleifpapier, 220er-Körnung
- [ ] Vorstechnadel
- [ ] UHU Holzleim Express
- [ ] Holzbohrer, ø 3 mm und 4 mm

VORLAGE
Bogen 1B

1 Übertrage als Erstes alle Vorlagen wie in der Grundanleitung beschrieben auf das Sperrholz. Bis auf das Arm-Kopfteil werden alle Teile zwei Mal benötigt. Säge alles aus und glätte die Ränder mit Schleifpapier. Die Teile wie auf der Abbildung bemalen und trocknen lassen. Das Gesicht malst du mit Filzstift auf.

2 Lege die Schablone vom Umhang nacheinander passgenau auf beide Umhangteile und stich mit der Vorstechnadel an der markierten Stelle durch den Karton ins Holz. Damit hast du das Bohrloch gekennzeichnet. Mit dem Arm-Kopfteil genauso verfahren.

3 Nun durchbohrst du die beiden Umhangteile mit dem kleineren Bohrer (ø 3 mm) und den Arm-Kopfteil mit dem größeren Bohrer (ø 4 mm).

4 Leime die beiden viereckigen Zwischenteile aufeinander. Diese anschließend so auf einen Umhang leimen, dass die geraden Unterseiten bündig aufeinanderliegen. Stecke das Rundholzstäbchen in das Bohrloch des Umhangs und darauf das Arm-Kopfteil. Das zweite Umhangteil aufstecken, das überstehende Ende des Stäbchens mit Bleistift markieren und den oberen Umhang wieder abnehmen. Dann das Rundholzstäbchen auf die richtige Länge kürzen.

5 Trage etwas Leim auf das Zwischenteil auf und stecke das zweite Umhangteil wieder auf das Stabende. Wenn du den Vampir jetzt aufstellst, schwingt das Arm-Kopfteil leicht hin und her. Die Umhangränder verzierst du nun noch mit dem roten Malglitter.

6 Zum Schluss leimst du die Schuhe des Vampirs an die Unterseite seines Gewandes.

GESPENSTISCHE TOTENKOPFLATERNE

1 Fertige von der Vorlage zunächst eine Schablone an. Die Augen- und Nasenöffnungen schneidest du mithilfe eines Cutters heraus. Lass dir dabei von einem Erwachsenen helfen.

2 Platziere die Schablone so auf dem Sperrholz, dass sie mit der geraden unteren Knochenseite bündig zum Sperrholzrand liegt. So musst du eine Seite weniger aussägen. Dann zeichnest du den Schädelumriss und die Ränder der herausgeschnittenen Augen- und Nasenhöhlen nach. Insgesamt benötigst du vier Totenköpfe.

3 Beginne beim Sägen mit dem Schädel, Augen und Nase werden später ausgesägt. Achte beim Knochen darauf, die Einschnitte möglichst sauber zu sägen. Diese sind genauso breit wie das Sperrholz dick ist. Überprüfe nach dem Sägen, ob sich die Teile nahtlos ineinanderschieben lassen, indem du einen Sperrholzrest in den Einschnitt steckst. Ist der Einschnitt zu eng, kannst du ihn ganz einfach mit einer flachen, kleinen Holzfeile erweitern, bis er passt.

4 Säge nun die Augen- und Nasenhöhlen aus. Bohre dafür in jede Öffnung ein Loch und fahre mit dem Sägen der Innenflächen wie in der Grundanleitung auf Seite 8 beschrieben fort. Wenn alle Öffnungen ausgesägt sind, glättest du die Ränder mit Schleifpapier.

5 Als Letztes zeichnest du das Gebiss mit Bleistift auf. Da die Totenköpfe nicht bemalt werden, solltest du dafür keinen Filzstift verwenden, denn die Farbe des Stifts zerfließt sofort auf dem unbemalten Holz.

6 Stecke die Totenköpfe wie auf dem Bild zu einer Laterne zusammen. Als Beleuchtung stellst du ein Teelichtglas mit einem Teelicht in die Mitte.

MOTIVHÖHE
ca. 16 cm

MATERIAL PRO TOTENKOPF
- [ ] Pappelsperrholz, 5 mm stark, 20 cm × 20 cm
- [ ] Schleifpapier, 220er-Körnung
- [ ] kleine Feile
- [ ] Cutter
- [ ] Schneideunterlage
- [ ] Holzbohrer, ø 2 mm

VORLAGE
Bogen 1B

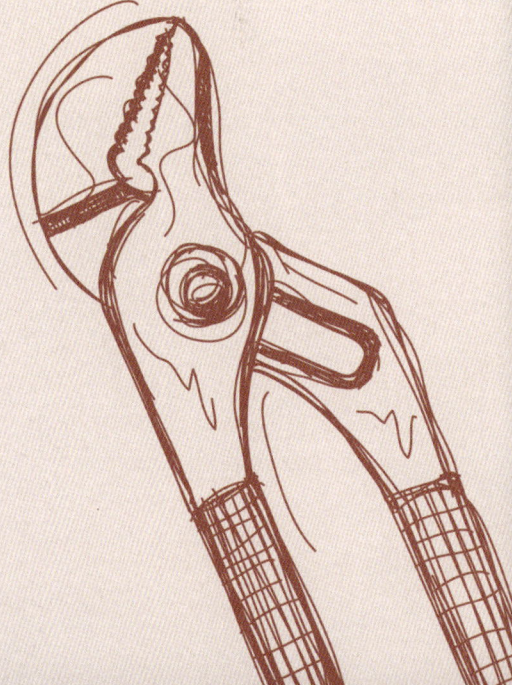

MOTIVLÄNGE
ca. 28 cm

MATERIAL
- [ ] Pappelsperrholz, 5 mm stark, 20 cm × 30 cm (Hai) und 12,5 cm × 2,5 cm (Rückenleiste)
- [ ] Acrylfarbe in Blau und Weiß
- [ ] feiner Filzstift in Schwarz
- [ ] 2 Spaxschrauben, 1 cm lang
- [ ] Schleifpapier, 220er-Körnung
- [ ] UHU Holzleim Express
- [ ] Holzbohrer, ø 1,5 mm und 3 mm
- [ ] 2 Kleiderhaken in Weiß, 3,5 cm hoch
- [ ] Wackelauge, selbstklebend, ø 1 cm

VORLAGE
Bogen 1B

HAI IN SICHT

1 Als Erstes fertigst du dir wie in der Grundanleitung beschrieben Schablonen von der Haivorlage an und überträgst die Umrisse mit einem Bleistift auf das Sperrholz.

2 Säge den Hai und die Rückenleiste aus und glätte die Ränder mit dem Schleifpapier.

3 Lege nun die Haischablone auf das ausgesägte Modell und markiere die Position der vier Bohrlöcher mit einer Vorstechnadel, indem du durch die Schablone und ins Holz stichst. Die Schablone anschließend wieder abnehmen und die Löcher bohren. Die beiden inneren Bohrlöcher beim Hai (ø 1,5 mm) sind für die Schrauben der Kleiderhaken, die beiden äußeren (ø 3 mm) für die Befestigung an der Wand. Bei der Rückenleiste werden nur die beiden äußeren Bohrlöcher (ø 3 mm) gebohrt.

4 Jetzt malst du die Details auf. Schneide dafür aus der Haischablone das Maul heraus, lege den Umriss auf den Holzhai und umfahre ihn mit dem Bleistift. Auf dieselbe Art zeichnest du die Bauchlinie auf.

5 Bemale den Hai wie auf der Abbildung zu sehen zunächst mit blauer Farbe. Die Farbe trocknen lassen, dann die restlichen Flächen weiß anmalen. Noch einmal alles trocknen lassen und mit einem feinen schwarzen Filzstift die Zähne aufmalen.

6 Leime die Rückenleiste so auf die Hairückseite, dass die Bohrlöcher des Hais und der Rückenleiste genau aufeinanderliegen.

7 Schraube zuletzt die beiden Haken an und klebe das Wackelauge auf. Die beiden noch sichtbaren großen Löcher sind für die Befestigung des Hais an der Wand.

AHOI, PIRATEN!

MOTIVHÖHE
ca. 21 cm

MATERIAL
- [ ] Pappelsperrholz, 5 mm stark, A4
- [ ] Tonkartonrest in Braun
- [ ] Acrylfarbe in Braun, Schwarz und Blau
- [ ] Filzstift in Schwarz
- [ ] Schleifpapier, 220er-Körnung
- [ ] UHU-Alleskleber
- [ ] UHU Holzleim Express

VORLAGE
Bogen 2A

1 Fertige zunächst für alle Schiffsteile (Rumpf samt Masten, Segel und Stellblock) wie in der Grundanleitung beschrieben Schablonen an. Lege die Schablonen auf das Sperrholz und ziehe den Umriss mit Bleistift nach. Den Stellblock zeichnest du zweimal auf.

2 Säge die Motive aus und glätte die Ränder mit Schleifpapier. Anschließend bemalst du alle Teile. Orientiere dich dabei an der Abbildung.

3 Bei den Vorlagen findest du vier Piratenflaggen und acht Fenster. Kopiere dir diese, schneide alle aus und klebe die Motive auf die Segel, den Mast und den Schiffsrumpf. Danach gibst du etwas Leim auf die Vorderseite der beiden Masten und klebst die Segel an.

4 Für die Kanonenluken fertigst du dir nun noch eine Schablone an. Übertrage den Umriss zwölfmal auf den braunen Tonkarton und schneide alle Kanonenluken aus. Dann malst du in die Mitte von jedem Quadrat einen dicken schwarzen Punkt und klebst jeweils sechs Kanonenluken auf jede Schiffseite.

5 Stelle das Schiff auf die beiden Stellböcke und schon kann dein Schiff in See stechen.

Tipp: Anstatt eines Piratenschiffs kannst du auch ein ganz normales Segelschiff sägen. Lass in diesem Fall die Totenköpfe auf den Segeln weg und bemale das Schiff so wie es dir gefällt.

PRAKTISCHER MEERESBEWOHNER

1 Übertrage alle Vorlagen mithilfe von Schablonen auf das Sperrholz. Bei den Setzkastenteilen zeichnest du das große Teil zweimal und das kleine dreimal auf. Lege die Schablonen dabei am besten mit der Seite ohne Einschnitt so auf das Sperrholz, dass es bündig mit der Holzkante abschließt. Säge alle Teile aus.

2 Bei den Teilen für den Setzkasten ist es sehr wichtig, dass die Einschnitte passgenau ausgesägt sind. Dies kannst du überprüfen, indem du jedes Teil nimmst und einen Sperrholzrest in den Einschnitt steckst. Jetzt siehst du, ob der Einschnitt zu weit oder zu eng ist. Wenn er zu eng ist, kannst du ihn mit einer flachen kleinen Feile etwas korrigieren.

3 Hast du alle Teile überprüft, glättest du die Ränder mit dem Schleifpapier.

4 Bemale nun den Wal. Das Gebiss schneidest du aus deiner Fotokopie aus und klebst es auf. Dann platzierst du noch das Wackelauge.

5 Male alle Setzkastenteile an und stecke das Regal wie auf dem Foto zu sehen zusammen. Durch die Farbschicht ist es möglich, dass sich die Teile nicht mehr so gut ineinanderschieben lassen. In diesem Fall einfach mit der Feile etwas nacharbeiten.

6 Zum Schluss leimst du den Setzkasten auf den Wal. Lass alles gut trocknen, bevor du dein neues Regal an die Wand schraubst.

MOTIVLÄNGE
ca. 28 cm

MATERIAL
[ ] Pappelsperrholz, 5 mm stark, 2 × A4
[ ] Acrylfarbe in Hell- und Dunkelblau
[ ] Schleifpapier, 220er-Körnung
[ ] kleine Feile
[ ] UHU-Alleskleber
[ ] UHU Holzleim Express
[ ] Wackelauge, ø 1 cm

VORLAGE
Bogen 1B

RASANTE SCHUBLADENGRIFFE

MOTIVLÄNGE
ca. 15 cm

MATERIAL PRO GRIFF
- [ ] Pappelsperrholz, 5 mm stark, 20 cm × 10 cm
- [ ] Holzklotz, 2 cm × 3 cm × 6 cm
- [ ] Acrylfarbe in Blau oder Grün
- [ ] Filzstift in Orange
- [ ] Fotokartonreste in Schwarz, Weiß, Gelb und Rot
- [ ] Schleifpapier, 220er-Körnung
- [ ] UHU Holzleim Express
- [ ] 2 Spaxschrauben, z. B. 3,5 cm lang (je nach Schubladenfrontdicke)
- [ ] Holzbohrer, ø 2 mm

VORLAGE
Bogen 1A

1 Fertige von allen Vorlagen Schablonen an. Dann überträgst du den Umriss des Autos auf das Sperrholz und sägst es aus. Die Sägeränder glättest du anschließend mit Schleifpapier.

2 Übertrage die Umrisse der anderen Schablonen auf den entsprechenden Karton und schneide alle Teile aus.

3 Nun malst du das Auto und das Holzklötzchen rundum an. Wenn die Farbe trocken ist, leimst du den Holzklotz mit der schmalen Seite auf das Auto.

4 Jetzt wird der Holzklotz zweimal angebohrt. Der Abstand zwischen den Bohrlöchern sollte genau 4 cm betragen. Dann bohrst du in die Schubladenvorderseite ebenfalls zwei Löcher. Auch hier beträgt der Abstand der Bohrlöcher 4 cm.

5 Klebe auf der Autovorderseite die schwarzen Kartonräder und das weiße Fenster auf. Zum Schluss malst du beim blauen Auto mit dem orangefarbenen Filzstift einen Blitz in die Mitte des gelben Feuerstrahls. Fertig!

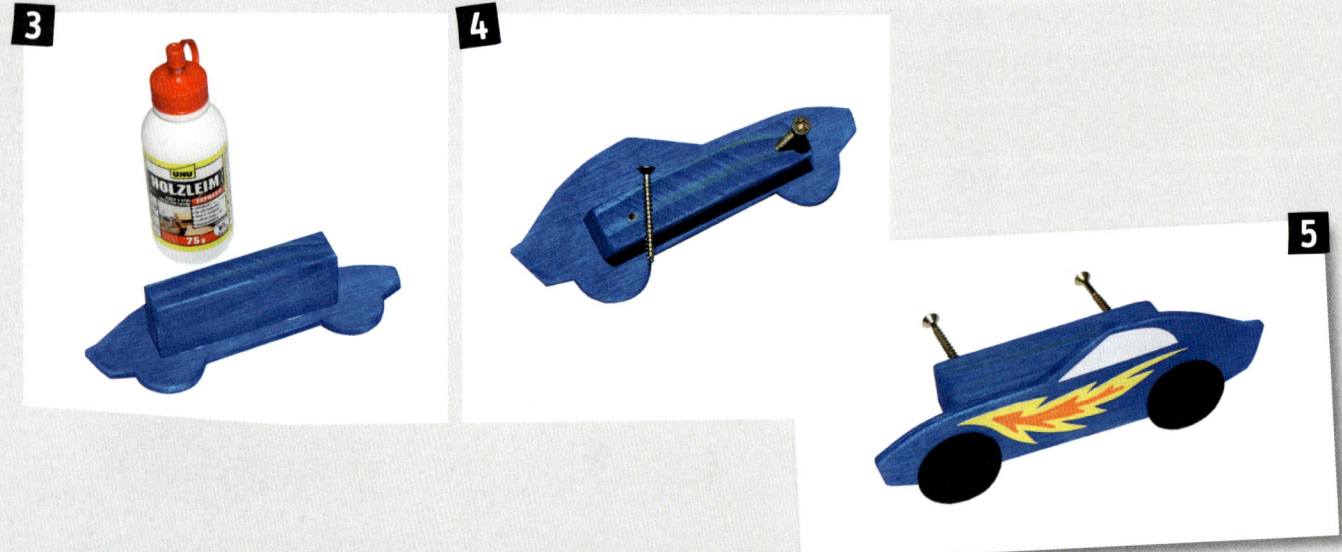

NÜTZLICHER FUSSBALLPROFI

MOTIVHÖHE
ca. 20 cm

MATERIAL
- [ ] Pappelsperrholz, 5 mm stark, 30 cm × 15 cm (Bodenplatte), 30 cm × 15 cm (senkrechte Platte) und 18 cm × 15 cm (Fußballer)
- [ ] eckige Holzleiste, 1 cm × 1 cm, 15 cm lang
- [ ] 2 Papierstreifen in Weiß, 0,5 cm breit, 15 cm lang
- [ ] Acrylfarbe in Hellgrün, Rot und Schwarz
- [ ] Schleifpapier, 220er-Körnung
- [ ] UHU Holzleim Express
- [ ] UHU-Alleskleber

VORLAGE
Bogen 1B

1 Übertrage die Umrisse des Fußballers mithilfe einer Schablone auf das Sperrholz und säge die Figur aus. Glätte die Sägeränder mit dem Schleifpapier und male den Fußballer an. Das Gesicht, die Arme und die Knie bleiben unbemalt.

2 Säge dir nun die Holzplatten für die Buchstütze zurecht. Lass dir hierbei von einem Erwachsenen helfen, denn es ist ganz schön knifflig, lange, gerade Linien mit der Laubsäge auszusägen. Die Holzplatten ebenfalls an den Rändern mit Schleifpapier glätten und anschließend hellgrün bemalen. Die Holzleiste malst du auch grün an.

3 Miss auf der großen Holzplatte von der linken schmalen Seite ausgehend 15 cm ab und ziehe eine Bleistiftlinie. Direkt an dieser Linie leimst du die Holzleiste auf.

4 Leime die zweite Holzplatte senkrecht hinter die Leiste.

5 Jetzt leimst du den Fußballer mit den Schuhsohlen an beide Holzplatten. Zum Schluss klebst du noch die beiden Papierstreifen als Spielfeldmarkierung auf die Bodenplatte.

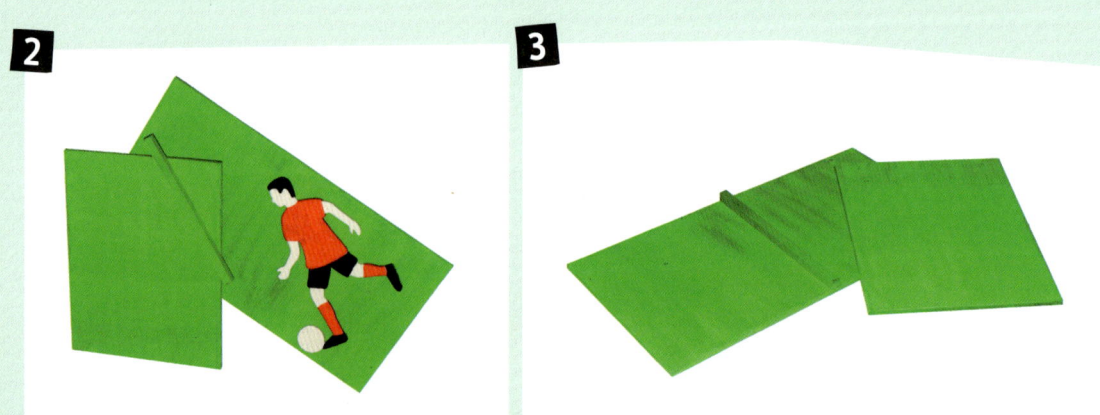

4

Tipp:
Wenn du möchtest, kannst du das Trikot und die Hose des Fußballers auch in den Farben deines Lieblingsvereins anmalen.

UTENSILO FÜR RAUBTIERDOMPTEURE

1 Übertrage die Vorlagen auf das Sperrholz. Platziere die Schablonen dabei wenn möglich so, dass immer eine oder zwei Seiten bündig zum Holz liegen. Säge alle Teile aus und prüfe anschließend, ob die Ränder der Holzrechtecke gerade sind, indem du sie aufeinander stapelst. Unebenheiten korrigierst du mit der Holzfeile.

2 Bemale nun alle Teile des Kästchens. Die vier kleinen Rechtecke werden schwarz, die großen braun angemalt.

3 Leime auf die etwas kleinere Bodenplatte die Vorderseite des Kästchens. Damit das Ganze einen besseren Halt hat, leimst du anschließend noch eine schwarze Seitenwand an.

4 Befestige nun die restlichen Seiten- und Zwischenwände. Beginne dabei mit den schwarzen Innenflächen und schließe das Kästchen mit der braunen Rückseite.

5 Jetzt glättest du mit dem Schleifpapier die Ränder von Kopf und Ohren und malst sie an. Schneide von der Kopfschablone die Nase ab. Die Nase auf die Pumaschnauze legen und den Umriss mit Bleistift nachzeichnen. Danach den Pumakopf wie abgebildet anmalen. Die Maullinie wird mit Bleistift vorgezeichnet und mit Filzstift nachgezogen.

6 Leime die Ohren am Kopf an. Dann die Schablonen vom Auge, dem Zahn und der Pfote auf den entsprechenden Karton legen, mit Bleistift umfahren, ausschneiden und aufkleben.

7 Zum Schluss wird der Pumakopf hinten an das Utensilo-Kästchen geleimt.

MOTIVHÖHE
ca. 20 cm

MATERIAL
- Pappelsperrholz, 5 mm stark, 3 × A4
- Tonkartonrest in Schwarz, Weiß und Gelb
- Acrylfarbe in Hellbraun und Schwarz
- Filzstift in Schwarz
- Schleifpapier, 220er-Körnung
- große Holzfeile
- UHU Holzleim Express
- UHU-Alleskleber

VORLAGE
Bogen 2B

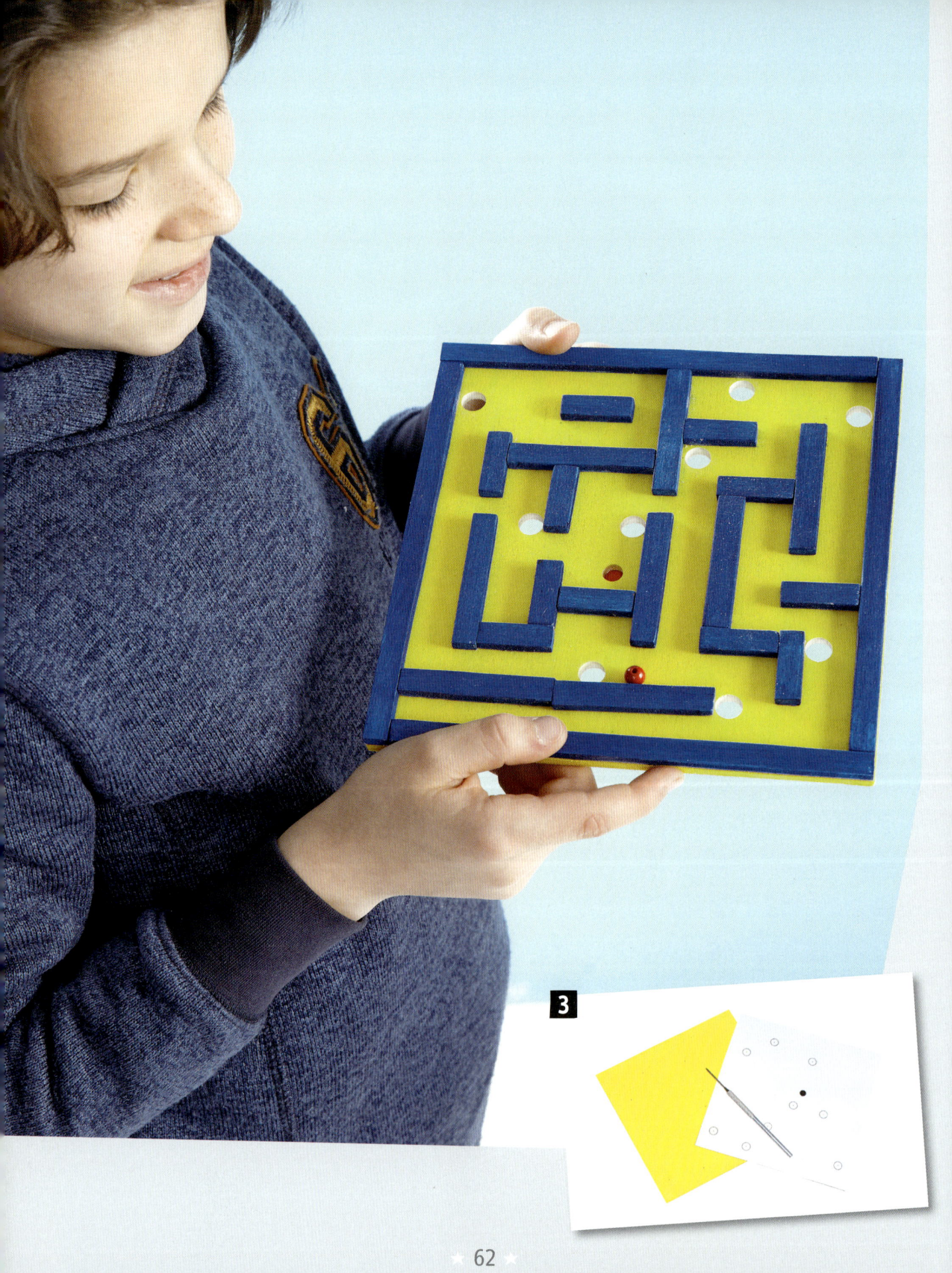

DAS VERRÜCKTE LABYRINTH

1 Fertige für das Spielbrett wie in der Grundanleitung beschrieben eine Schablone an, übertrage den Umriss auf das Sperrholz und säge das Brett aus. Danach glättest du mit dem Schleifpapier die Ränder des Spielbretts und der Holzleisten.

2 Bemale die Bodenplatte in Gelb und die Leistenteile in Blau.

3 Jetzt bohrst du die Löcher. Dazu legst du die Schablone auf das Spielbrett und fixierst sie mit etwas Klebefilm, damit sie nicht verrutscht. Mit einer Vorstechnadel stichst du nun in die Kreuzmitte der aufgedruckten Kreise. Der Kreis mit dem weißen Kreuz ist kleiner als die anderen – hier ist das Ziel. Stich an dieser Stelle besonders kräftig ein, damit die Markierung sich etwas von den anderen Einstichen unterscheidet.

4 Nimm die Schablone ab, lege das Spielbrett auf eine Unterlage, zum Beispiel auf ein altes Holzstück, und bohre die Löcher an den markierten Stellen. Beginne dabei an dem Einstich, den du etwas kräftiger eingedrückt hast (8 mm-Bohrer). Alle anderen Löcher bohrst du mit dem 10 mm-Bohrer.

5 Nun werden noch die Leisten auf das Spielbrett geleimt. Orientiere dich dabei an der Schablone, die du am besten neben dich legst. Zuletzt markierst du noch das Ziel, indem du das rote Tonkartonstück auf die Plattenunterseite beim kleinen Loch klebst.

MOTIVGRÖSSE
19 cm × 19 cm

MATERIAL
- [ ] Pappelsperrholz, 5 mm stark, 19 cm × 19 cm
- [ ] Holzleisten, je 1 cm breit, 4 × 18 cm, 8 × 6 cm und 11 × 3 cm lang
- [ ] Tonkartonrest in Rot, 2 cm × 2 cm
- [ ] Acrylfarbe in Blau und Gelb
- [ ] Schleifpapier, 220er-Körnung
- [ ] Vorstechnadel
- [ ] UHU Holzleim Express
- [ ] UHU-Alleskleber
- [ ] Klebefilm
- [ ] Holzbohrer, ø 8 mm und 10 mm
- [ ] Holzkugel, ø 6 mm

VORLAGE
Bogen 2A

Spieltipp: Lege die Holzkugel an den Labyrinthanfang (siehe Bild 5) und neige das Spielbrett so, dass die Kugel bis zum Ziel rollt, ohne dabei durch eines der anderen Löcher zu fallen.

AUF DEM WEG ZUM MOND

MOTIVHÖHE
ca. 41 cm

MATERIAL
- [ ] Pappelsperrholz, 5 mm stark, 40 cm × 50 cm
- [ ] Acrylfarbe in Silber und Rot
- [ ] dicker Filzstift in Schwarz
- [ ] Schleifpapier, 220er-Körnung
- [ ] kleine Holzfeile
- [ ] UHU-Alleskleber

VORLAGE
Bogen 2A

1 Fertige von allen Teilen wie in der Grundanleitung beschrieben Schablonen an. Dann klebst du Teil 1 und Teil 2 (siehe Vorlage) an den Abschnitten zusammen, die mit einem schwarzen Dreieck markiert sind.

2 Übertrage alle Teile auf das Sperrholz und säge sie aus. Da die Rakete später zusammengesteckt wird, ist es beim Sägen sehr wichtig, dass die Einschnitte exakt ausgearbeitet sind. Lass dir hier deshalb am besten von einem Erwachsenen helfen.

3 Überprüfe mithilfe eines Sperrholzrests, ob die Einschnitte passend zueinander ausgesägt sind, indem du das Holzstück in jeden Einschnitt steckst. Alle Teile sollten sich leicht ineinanderfügen lassen, da später noch Farbe aufgetragen wird und die Einschnitte dadurch wieder etwas schmaler werden. Eventuell musst du mit der Feile etwas korrigieren.

4 Jetzt bemalst du alle Teile der Rakete wie auf der Abbildung. Wenn die Farbe trocken ist, überprüfst du noch einmal wie in Punkt 3 beschrieben alle Einschnitte und erweiterst diese gegebenenfalls noch etwas mit der Feile.

5 Zum Schluss steckst du die Rakete zusammen. Beginne dabei mit dem Flügelteil. Danach folgt die runde Plattform und schließlich das zweite Kapselstück. Die Rakete noch mit dem schwarzen Filzstift verzieren und der Reise zum Mond steht nichts mehr im Weg.

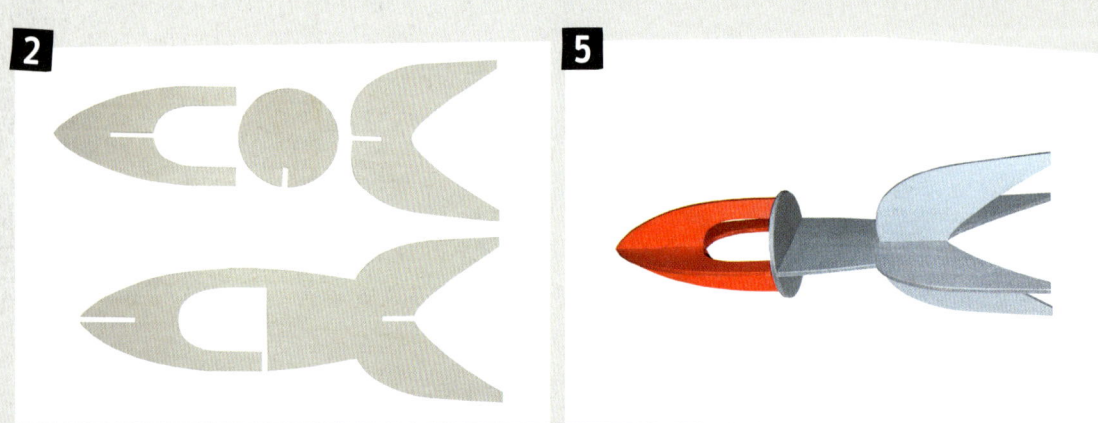

GALAKTISCHE SPARDOSE

1. Fertige zunächst von allen Teilen Schablonen an. Der Münzschlitz wird mit einem Cutter herausgeschnitten. Hier lässt du dir am besten von einem Erwachsenen helfen. Dann überträgst du die Umrisse auf das Sperrholz und sägst alle Teile aus. Die Innenfläche vom Münzschlitz sägst du, wie in der Grundanleitung beschrieben, aus.

2. Glätte die Holzränder mit Schleifpapier und male alle Teile grün an.

3. Nun leimst du die Spardose zusammen. Auf den Deckel mit dem Münzschlitz zuerst die Vorderwand und danach eine Viereckleiste und eine Seitenwand leimen. Dann die zweite Seitenwand und die zweite Leiste und schließlich die beiden letzten Leisten befestigen.

4. Lege die Schablone auf den Sparkassenboden und stich mit der Vorstechnadel an den gekennzeichneten Stellen ins Holz. Die Löcher bohren und den Boden anschrauben.

5. Leime die Füße an den angeschraubten Boden, schneide die Augen und den Mund aus der kopierten Vorlage aus und klebe das Gesicht auf. Anschließend verzierst du die Spardose noch mit Filzstift.

6. Zum Schluss leimst du die Rückwand samt Kopf an die offene Rückseite und die beiden Arme an die Seiten des Kästchens.

MOTIVHÖHE
ca. 26 cm

MATERIAL
[ ] Pappelsperrholz, 5 mm stark, A3
[ ] 4 Holzleisten, 1,5 cm x 1,5 cm, 9 cm lang
[ ] Tonkarton in Weiß
[ ] Acrylfarbe in Grün
[ ] dicker Filzstift in Schwarz
[ ] Schleifpapier, 220er-Körnung
[ ] Cutter
[ ] Schneideunterlage
[ ] Vorstechnadel
[ ] UHU Holzleim Express
[ ] UHU-Alleskleber
[ ] 4 Spaxschrauben, 1 cm lang
[ ] Holzbohrer, ø 3 mm

VORLAGE
Bogen 1A

Hinweis: Du kannst die Spardose ganz einfach öffnen, indem du die vier Schrauben an der Unterseite aufschraubst.

3a

3b

TOTEMPFAHL

MOTIVHÖHE
ca. 1,50 m

MATERIAL
- Fichtenholzbalken, 14 cm x 14 cm, 1,50 m lang
- Pappelsperrholz, 4 mm stark, 7 x A4
- Acrylfarben in Rot, Grün, Blau, Schwarz und Weiß
- dicker Filzstift in Schwarz
- Schleifpapier, 220er-Körnung
- kleine Feile
- Vorstechnadel
- UHU Holzleim Express
- UHU-Alleskleber
- 6 Spaxschrauben, 2 cm lang
- Holzbohrer, ø 2 mm

VORLAGE
Bogen 2B

1 Fertige von allen Teilen wie in der Grundanleitung beschrieben Schablonen an. Platziere die Schablonen für den Adlerkopf auf dem Sperrholz und zeichne die Umrisse mit Bleistift nach. Das Auge wird zweimal benötigt. Dann sägst du die Teile aus und glättest die Ränder mit Schleifpapier. Prüfe noch den Einschnitt am Kopf, in den der Schnabel gesteckt wird und arbeite diesen ggf. etwas mit der Feile nach. Die Teile sollten sich ohne Probleme zusammenstecken lassen.

2 Bemale den Adlerkopf wie auf der Abbildung zu sehen und lasse die Farbe gut trocknen. Dann leimst du die Augen auf den Kopf und den Schnabel in den Einschnitt.

3 Jetzt sägst du die Flügel zweimal aus. Glätte die Ränder erneut mit dem Schleifpapier und bemale die Teile mit der grünen Acrylfarbe und dem Filzstift.

4 Lege die Flügelschablone auf beide Flügel und stich mit der Vorstechnadel an den markierten Stellen durch die Schablone ins Holz. Bohre an den Markierungen die Löcher und schraube die Flügel an den Balken.

5 Die noch fehlenden Gesichter arbeitest du alle nach demselben Prinzip. Übertrage die Vorlagen aufs Sperrholz, säge alle Teile aus und glätte die Ränder mit Schleifpapier. Bemale die Motive, leime die einzelnen Teile aufeinander und klebe zum Schluss noch die Schablone vom Gebiss auf.

6 Wenn alle Köpfe getrocknet sind, leimst du sie auf den Balken.

GENIALES WURFGESCHOSS

1 Es gibt Bumerangs für Rechtshänder und für Linkshänder. Im Folgenden wird dir gezeigt, wie ein Bumerang für Rechtshänder gefertigt wird. Kopiere die Bumeranghälften jeweils zweimal und fertige von allen Teilen eine Schablone an. Schneide beim ersten Bumerangpaar entlang der durchgezogenen Linien. Die beiden anderen Bumerangteile entlang der gestrichelten Linien ausschneiden. Klebe die beiden zusammengehörenden Teile an der mit einem schwarzen Punkt markierten Klebefläche aufeinander. Die breitere Schablone ist die Bumerangschablone, die schmale ist die Schleifschablone.

2 Die Bumerangschablone mit dem durchgezogenen Rand auf das Birkensperrholz legen und den Umriss inklusive Kerben nachziehen. Dann die Schablone abnehmen und den Bumerang (ohne Kerben!) aussägen.

3 Lege nun die Schleifschablone so auf den Bumerang, dass die Kerben der Schablone mit den aufgezeichneten Kerben des Bumerangs übereinstimmen. Dann den Umriss der Schleifschablone nachzeichnen.

4 Fixiere den Bumerang wie auf dem Schrittbild zu sehen am Tischrand mit einer Schraubzwinge und schleife die Ränder mit der großen Holzfeile ab. Wichtig: Es wird nur die Vorderseite des Bumerangs beschliffen, die Rückseite bleibt ganz flach. In den Bereichen, in denen der Abstand zwischen Linie und Rand etwa 0,5 cm beträgt, rundest du den Rand mit der Feile ab. Beträgt der Abstand zur Linie ca. 1 cm, feilst du die Bereiche schräg ab. Die Kante sollte dabei nicht scharf, sondern noch ca. 1 mm dick sein. Nach dem Feilen die Ränder zuerst mit dem groben und dann mit dem feinen Schleifpapier glätten.

5 Abschließend den Bumerang noch farbig verzieren und mit Klarlack bestreichen. Auf die nicht beschliffene Rückseite kein Muster aufmalen. Wie der Bumerang richtig geworfen wird, kannst du in verschiedenen Videos im Internet nachsehen. Nur so viel: Die beschliffene Seite mit dem Zickzackmuster zeigt immer zum Werfer.

MOTIVLÄNGE
von Spitze zu Spitze ca. 40 cm

MATERIAL
- [ ] Birkensperrholz, 4 mm stark, 25 cm × 40 cm
- [ ] Acrylfarbe in Türkis, Silber und Dunkelbraun
- [ ] Klarlack
- [ ] Schleifpapier, 150er- und 220er-Körnung
- [ ] Schraubzwinge
- [ ] große Holzfeile

VORLAGE
Bogen 1A

JETZT WIRD'S WILD!

1 Fertige von allen Teilen Schablonen an. Von der Vorlage des Kleiderbügels benötigst du zwei Schablonen. Diese klebst du mit Klebefilm so zusammen, dass der Kleiderbügel seine vollständige Größe erhält. Übertrage die Umrisse des Bügels auf das dickere Sperrholz und säge ihn aus. Da das Sägen von langen Abschnitten etwas knifflig sein kann, lässt du dir hier am besten von einem Erwachsenen helfen.

2 Korrigiere nach dem Aussägen die Ränder eventuell noch mit der Holzfeile und glätte sie dann mit dem Schleifpapier.

3 Nun bemalst du den Bügel mit blauer und roter Farbe. Anschließend malst du mit dem Filzstift schwarze Linien auf. Beginne dabei am besten in der Mitte.

4 Jetzt den Bügel an der Spitze etwa 2 cm tief anbohren und den Haken eindrehen.

5 Übertrage die Vorlagen des Pantherkopfes (Kopf, Schnauze und Nase) auf das 5 mm dicke Sperrholz, säge sie aus und glätte die Ränder mit Schleifpapier. Alle drei Teile werden schwarz angemalt.

MOTIVBREITE
ca. 44 cm

MATERIAL
- [ ] Pappelsperrholz, 8 mm stark, 50 cm × 12 cm
- [ ] Pappelsperrholz, 5 mm stark, A5
- [ ] Tonkartonrest in Rot und Gelb
- [ ] Acrylfarbe in Schwarz und Rot oder Blau
- [ ] dicker Filzstift in Schwarz
- [ ] Schleifpapier, 220er-Körnung
- [ ] große Holzfeile
- [ ] UHU Holzleim Express
- [ ] UHU-Alleskleber
- [ ] Klebefilm
- [ ] Holzbohrer, ø 2 mm
- [ ] Haken mit Schraubgewinde aus einem alten Kleiderbügel

VORLAGE
Bogen 2B

4

6 Lege die Schablonen von Auge und Zunge auf den gelben und roten Karton, ziehe die Umrisse mit Bleistift nach und schneide die Teile aus. Leime die Schnauze auf den Kopf und darauf die Nase. Dann klebst du die Zunge und die Augen auf. Diese bekommen in der Mitte noch einen schwarzen Punkt. Den fertigen Kopf leimst du auf den Kleiderbügel.

FÜR SÜSSE FLUGOBJEKTE

1 Fertige von allen Motivteilen Schablonen an und übertrage die Umrisse auf das Holz. Die Bodenplatte, das Mittelteil und das Zwischenteil auf das 8 mm dicke Sperrholz, das Seitenteil zweimal auf das 5 mm dicke Sperrholz übertragen.

2 Da das Aussägen von langen, geraden Stücken sehr knifflig sein kann und das Sperrholz für die Bodenplatte und das Seiten- bzw. Zwischenteil relativ dick ist, bittest du beim Zusägen dieser Teile am besten einen Erwachsenen um Hilfe. Die Ränder eventuell noch mit der Feile korrigieren und dann mit Schleifpapier glätten.

3 Nun markierst du die Bohrlöcher auf den Seitenteilen, der Bodenplatte und dem Mittelteil. Dafür die jeweilige Schablone passgenau auflegen und mit der Vorstechnadel an den markierten Stellen ins Holz stechen. Achte darauf, beim zweiten Seitenteil die Schablone und das Holz zu wenden und die Löcher auf der anderen Seite zu kennzeichnen. Die Schablone abnehmen und die Holzteile an den Einstichstellen durchbohren. Achtung: Die Löcher für die Scharnierschrauben werden nicht gebohrt. Hier bleiben nur die Einstichstellen, sonst halten die kleinen Schrauben nicht.

MOTIVLÄNGE
ca. 30 cm

MATERIAL
[ ] Pappelsperrholz, 8 mm stark, A4 (Bodenplatte, Zwischenteil und Mittelteil)
[ ] Pappelsperrholz, 5 mm stark, A4 (Seitenteile)
[ ] Acrylfarbe in Dunkelgrün und Gelb
[ ] Filzstift in Schwarz
[ ] Schleifpapier, 220er-Körnung
[ ] kleine Holzfeile
[ ] Vorstechnadel
[ ] Holzbohrer, ø 1,5 mm
[ ] Scharnier, 1,5 cm × 2,5 cm
[ ] 4 Scharnierschrauben, 8 mm lang
[ ] 10 Spaxschrauben, 2 cm lang
[ ] Gummiring, 5 mm breit

VORLAGE
Bogen 2A

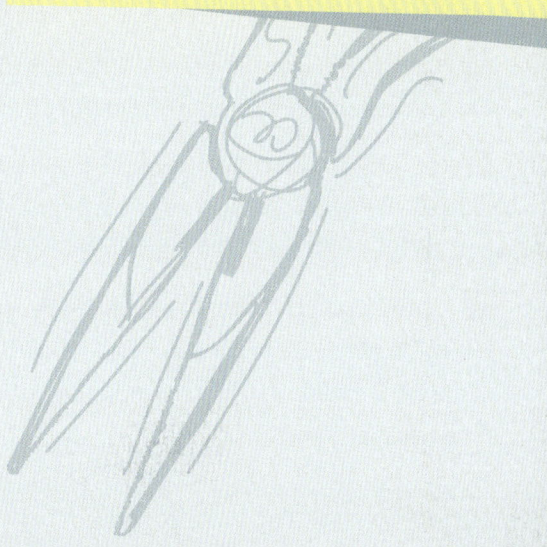

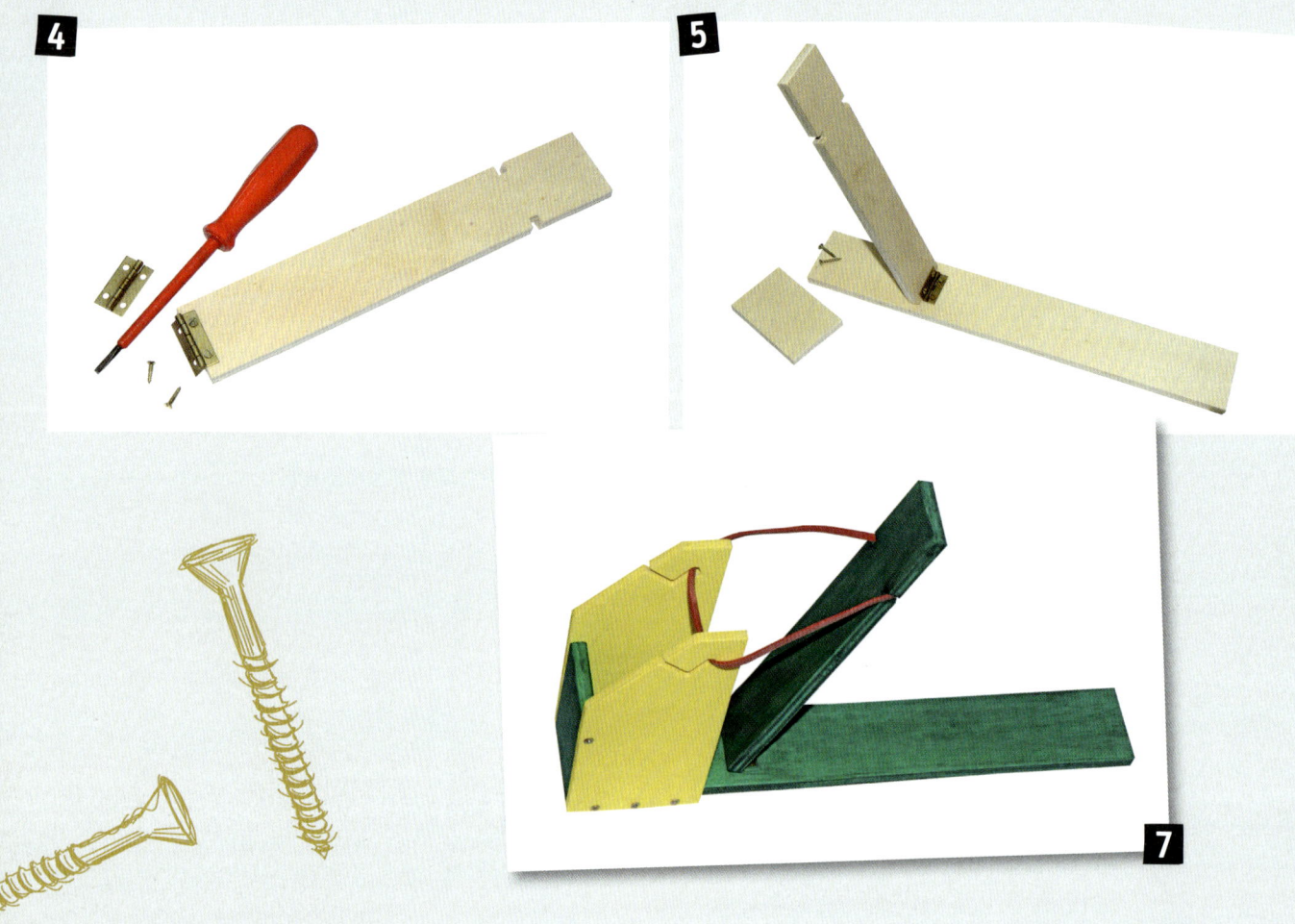

4 Lege das Scharnier auf das Mittelteil und drehe die Scharnierschrauben an den beiden Einstichstellen ein. Wichtig ist, dass die eine Seite der Scharniere bündig mit dem Holzrand abschließt.

5 Jetzt schraubst du das Scharnier des Mittelteils auf die Bodenplatte. Achte darauf, dass sich das Scharnier dabei auf der rechten Seite befindet.

6 Schraube das Zwischenteil zweimal von unten an die Bodenplatte und bemale alle Teile anschließend wie auf der Abbildung zu sehen mit grüner und gelber Farbe. Die Scharniere dabei nicht übermalen.

7 Zum Schluss schraubst du die gelben Seitenteile an und verzierst sie mit Filzstift. Lege den Gummiring in die Schlitze der beiden gelben Seitenteile und in die beiden seitlichen Einkerbungen des grünen Mittelteils. Süßigkeit auflegen, spannen und losschießen.

BUCHTIPPS FÜR DICH!

Du hättest gerne noch mehr Kreativideen? Dann wirst du in diesen Büchern ganz bestimmt fündig!

TOPP 7764
ISBN 978-3-7724-7764-5

TOPP 7729
ISBN 978-3-7724-7729-4

TOPP 7590
ISBN 978-3-7724-7590-0

TOPP 7836
ISBN 978-3-7724-7836-9

TOPP 7825
ISBN 978-3-7724-7825-3

TOPP 7653
ISBN 978-3-7724-7653-2

TOPP 7955
ISBN 978-3-7724-7955-7

TOPP 7857
ISBN 978-3-7724-7857-4

TOPP 5532
ISBN 978-3-7724-5532-2

TOPP 7626
ISBN 978-3-7724-7626-6

TOPP 5695
ISBN 978-3-7724-5695-4

TOPP 7627
ISBN 978-3-7724-7627-3

TOPP 7676
ISBN 978-3-7724-7676-1

TOPP 7775
ISBN 978-3-7724-7775-1

TOPP 7774
ISBN 978-3-7724-7774-4

ARMIN TÄUBNER lebt mit seiner Familie auf der Schwäbischen Alb und ist seit über 25 Jahren als ungemein vielseitiger Autor für den frechverlag tätig. Eigentlich ist er Lehrer für Englisch, Biologie und Bildende Kunst. Durch seine Frau, die unter ihrem Mädchennamen Inge Walz noch heute Bücher zu den verschiedensten Techniken im frechverlag veröffentlicht, kam der Allrounder zum Büchermachen. Zweifelsohne ein Glücksfall für die kreative Welt! Es gibt fast kein Material, das Armin Täubners Fantasie nicht beflügelt, und kaum eine Technik, die er sich nicht innerhalb kürzester Zeit angeeignet hat. Sein liebstes Material ist und bleibt aber Papier.

Kreativ-Hotline

Hilfestellung zu allen Fragen, die Materialien und Bücher zu kreativen Hobbys betreffen:
Frau Erika Noll berät Sie. Rufen Sie an oder schreiben Sie eine E-Mail!

Telefon: 0 50 52 / 91 18 58*

*normale Telefongebühren

E-Mail: mail@kreativ-service.info

Impressum

Der Freischalte-Code lautet: 16336

MODELLE UND ARBEITSSCHRITTBILDER: Armin Täubner
MODELLFOTOS: frechverlag GmbH, 70499 Stuttgart; lichtpunkt, Michael Ruder, Stuttgart
PRODUKTMANAGEMENT UND LEKTORAT: Anna Burger
LAYOUTENTWICKLUNG UND SATZ: Katrin Kleinschrot und Marion Köster, Stuttgart
COVERGESTALTUNG: Julia Fink
DRUCK UND BINDUNG: Finidr s.r.o., Tschechische Republik

Materialangaben und Arbeitshinweise in diesem Buch wurden vom Autor und den Mitarbeitern des Verlags sorgfältig geprüft. Eine Garantie wird jedoch nicht übernommen. Der Autor und der Verlag können für eventuell auftretende Fehler oder Schäden nicht haftbar gemacht werden. Das Werk und die darin gezeigten Modelle sind urheberrechtlich geschützt. Die Vervielfältigung und Verbreitung ist, außer für private, nicht kommerzielle Zwecke, untersagt und wird zivil- und strafrechtlich verfolgt. Dies gilt insbesondere für eine Verbreitung des Werkes durch Fotokopien, Film, Funk und Fernsehen, elektronische Medien und Internet sowie für eine gewerbliche Nutzung der gezeigten Modelle. Bei Verwendung im Unterricht und in Kursen ist auf dieses Buch hinzuweisen. **Lassen Sie Ihre Kinder nie unbeaufsichtigt werken!**

5. Auflage 2018
© 2015 **frechverlag** GmbH, Turbinenstraße 7, 70499 Stuttgart
www.topp-kreativ.de
ISBN 978-3-7724-7551-1 • Best.-Nr. 7551